AF203348

Kontaktadresse nach EU-Produktsicherheitsverordnung:
produktsicherheit@fischerverlage.de

Welcher Einsamkeitssong ist der fröhlichste? Welche Reiseziele sollte man unter allen Umständen alleine besuchen? Und hat man in einem Survival-Workshop überhaupt Chance auf Anschluss, wenn man sich weigert, im Notfall seinen Hund zu essen?

Mit feinem Gespür für menschliche Eigenheiten und schräge Situationen begibt sich Anja Rützel auf Einsamkeitsexpedition – und auf die Spur eines oft unterschätzten Gefühls.

Anja Rützel, Jahrgang 1973, Journalistin und bekennender Trash-TV-Fan, ist sich selbst oft genug. Sie arbeitet als freie Autorin u. a. für Spiegel Online, Die Zeit und das SZ-Magazin. Mit ihrem Hund Juri lebt sie in Berlin.

Weitere Informationen finden Sie auf www.fischerverlage.de

Anja Rützel

LIEBER ALLEIN ALS GAR KEINE FREUNDE

FISCHER Taschenbuch

Originalausgabe

3. Auflage

© 2023 S. Fischer Verlag GmbH,
Hedderichstr. 114, 60596 Frankfurt am Main

Printed in Germany
ISBN 978-3-596-29777-1

Für mich

Du sagst, ich lebe anders jetzt
Seit geraumer Zeit
Du sagst, mein neues Hobby
Ist die Einsamkeit
Tocotronic, »Mein neues Hobby«

Remember: the time you feel lonely
is the time you most need to be by
yourself. Life's cruelest irony.
Douglas Coupland, »Shampoo Planet«

I just want to be alone.
Greta Garbo, »Grand Hotel«

INHALT

EINZELFALL

Eine Bratsche als Warnung, das wäre fair gewesen. Sie hätte sich hinterrücks anschleichen und damit anfangen können, leicht unheilvoll zu sägen. Das wäre dann das Signal für das Klavier gewesen, nervös zu trippeln, ein paar zupfige, hektische Streicher machten auch noch mit, und schnell wäre ihre unheilvolle Botschaft nicht mehr zu überhören gewesen. Wäre mein Leben ein Film oder wenigstens eine Vorabendserie, hätte mich längst die sich immer dringlicher und dränglicher aufblähende Hintergrundmusik gewarnt, kulminierend in einem überpathetischen Orgelakkord, so massiv, als sei der Organist selbst ohnmächtig geworden bei so viel Dramatik und habe seinen Organistenkopf mit vollem Schädelgewicht auf die Tasten sinken lassen: DööööööörÖÖÖMMM! Mein Leben ist aber kein Film, es gibt niemals verräterische Musik und keine Vorwarnung, und so bekomme ich gar nicht richtig mit, was passiert, weil es so schnell geht, als das kleine Tier plötzlich in meinen Armen zusammensackt, während ich ihm gerade sein Halsband anziehen will.

»Wollnwermal«, schnauft dann der Mann vom Tierkrematorium, vielleicht zwei Stunden später, vielleicht drei. Schlägt die weiche, graue Decke mit den kleinen weißen Häschen drauf über Figo zusammen, steckt das flauschige Wollpaket mit meinem toten Hund darin in raschelnde schwarze Plastikfolie, die auch das aufgedruckte, pietätvoll gemeinte silberne Krematoriums-Logo nicht zu etwas anderem macht als zu einem Müllsack. Ich stehe daneben, in meinem Arbeitszimmer, und sehe zu, wie der Mann anschließend versucht, den Figo-Sack in eine ganz offensichtlich zu kleine schwarze Sporttasche zu zwängen, auch durch das unförmige Plastik kann ich sehen, wie die ausgestreckten, steifen Hundebeine, im Tod noch stacksiger als ohnehin schon, aus der Tasche ragen. Der Krematoriumsmann schnauft noch mehr und schiebt und drückt und wird ein bisschen brutal, und dann ist der leichenstarre Hund endlich drin in der Tasche und wird aus meiner Wohnung getragen, mein Figo, eingewickelt in seine Lieblingsdecke mit den Häschen drauf.

Ich stehe in meinem Arbeitszimmer, aus dem der Mann mit der Tasche gerade eine hundeförmige Lücke herausgestanzt hat. Und habe, Ohrwürmer können manchmal taktlose Arschgeigen sein, eine bescheuerte Fanta-Vier-eske Dauerschleife im Kopf: Jetzt ist er weg – weg! Und ich bin wieder allein, allein.

Alleine war ich schon vorher gewesen, vermutlich bereits ziemlich lange, bevor vor ein paar Monaten der Hund einzog, ich hatte es nur nicht gemerkt. Irgendwie bin ich da reingeschliddert, während ich von lästigen Lebenshaltungsdingen abgelenkt wurde. War ich nicht eigentlich mal recht beliebt gewesen, oder hatte es mir zumindest glaubhaft eingebildet, mit Ausgehverabredungen, Geburtstagseinladungen und bimmelnden Facebook-Chat-Aufploppfenstern? Aber es geht ja ganz schnell, merkte ich jetzt im Rückblick, wenn die Freundesversickerung erst einmal angefangen hat. Es gluckert nur noch einmal leise, und von der behaglichen Freude über ein schönes, ungestörtes Netflix-Glotz-Wochenende ist es nicht weit bis zur Erkenntnis: Oh, jetzt habe ich seit vier Tagen kein Wort zu irgendwem gesagt, außer bitte-danke-tschüs zur Frau an der Supermarktkasse, und auch schon lange nichts anderes mehr angehabt als Jogginghosen. Und ja, da hätte ich es merken können: Ich hatte angefangen, in GUTE, extra-komfortable Jogginghosen zu investieren. Gibt es auch in Kaschmir.

Es tat nicht weh, als meine sozialen Kontakte immer überschaubarer wurden. Ich hatte den Job gekündigt und war Freelancer mit Homeoffice geworden, ich vermisste die Kollegen nicht und hatte auch sonst nicht mehr oft Lust auf andere Menschen gehabt. Der einzige Freund, den ich noch regelmäßig sah, war Philipp. Ein hervorragender Komplize gegen die Welt, gegen die anderen. Wir lachten zusammen über ihre Vertrotteltheit und erstellten Blödheitsranglisten, einmal in der Woche saßen wir auf dem Hundeauslaufplatz auf der immerselben Bank Gericht über alle, die uns gerade vor die Flinte kamen, *we vs. them*, dazu zwei Flaschen Bier für jeden, um uns herum spielten die Hunde, besser ging es nicht für mich. Sonst verließ ich das Haus, außer für Gassigänge, nur noch selten. Es war wohl kein Zufall, dass ich mir eine Wohnung in einem Haus gemietet hatte, das auch ein bisschen Bollwerk ist, früher mal Arbeiterpalast für parteitreue DDR-Bewohner, heute Festung für mich Weltmüde. Umgeben zwar nicht von einer Zugbrücke, aber von einer sechsspurigen Straße, da muss man erstmal drüberkommen.

Als einsam hätte ich mich trotzdem nie bezeichnet. Allein das Wort schon, wer würde sich das wie eine welke Knickblume ans Gemütsrevers kleben wollen? Wie ich bei »Single« immer noch zuerst an kleine Schallplatten denke, kamen mir früher beim Attribut »einsam« Bilder von verhuscht-härmten alten Frauen in den Kopf, verbitterten Taubenfütterern, Alleinüberlebenden, Abgeschobenen. Einsam, das waren doch die anderen, ich bin bestenfalls alleine. Und zwar, weil ich das so möchte, das glaubte ich fest.

Am Anfang war das bestimmt auch so, nach viel Arbeitsstress im letzten Job brauchte ich einfach Zeit für mich, ich dachte nicht darüber nach, ob da vielleicht langsam etwas aus dem Ruder lief. Es lag sicher auch nicht an mir, wenn zwischendurch mal wieder jemand verlorenging, dachte ich mir, wir leben in einer Nomadenwelt. Wen hatte ich alles schon zurückgelassen in den vergangenen zwanzig Jahren, als ich von Würzburg nach Tübingen, von Tübingen nach Stuttgart, von Stuttgart nach Hamburg, von Hamburg nach Berlin gezogen bin: meine Eltern, die ich trotz anderer Vorsätze dann doch immer nur noch an Weihnachten sehe, meine lieben Freunde Lydia und Edgar, die extra eine weiche Decke auf die Rückbank ihres Autos legten, weil sie wussten, dass ich auf der Heimreise von unseren schönen, regelmäßigen Kunstausflügen oft schon einschlummerte, meinen Freund Frank, mit dem ich gerne den aufwendig besorgten, besonderen Champagner trank, den auch der Held in unserem gemeinsamen Lieblingsbuch bevorzugt wegschnäbelte, dazu diverse Ausgehkameraden, die unterwegs unerklärlich verlorengingen wie Socken in der Waschmaschine.

Neue Bekanntschaften kamen kaum mehr dazu. Immer mehr scheute ich die schrecklich langwierige Kennenlernarbeit, die Phase, in der man bei neuen Kontakten erst einmal die Basics klären musste, die grobe Lebensgeschichte, die grundsätzlichen Geschmacksurteile, Hund oder Katze, Strand oder Berge, Larissa Marolt oder Melanie Müller. Wie das dauerte! Man sollte für solche Zwecke ein Booklet über sich erstellen, eine Art Grundwissen oder, wie die Heftchen, die es früher zu den Pflichtlektüren im Deutschunterricht gab: »Materialien und Erläuterungen«. Eine

Rützelbroschüre mit reichlich Fußnoten, die ich den neuen Interessenten zum Selbststudium in die Hand drücken könnte. Je nach angepeilter Tiefe der Bekanntschaft könnte das eine laminierte Karteikarte mit dem Allernötigsten oder eine mehrbändige Enzyklopädie sein. Spitzengeschäftsidee.

Es stieß also selten jemand Neues zu meinem stetig abschmelzenden Freundesbestand. Es brauchte dazu ja nicht einmal ein schepperndes Zerwürfnis, oft kam einfach das Leben dazwischen, ab und zu mit furchtbaren Ereignissen, meistens aber mit eher fröhlichen, mit einem neuen Job, einer neuen Liebelei – und weg waren die Bekanntschaften wieder, in ihren neuen Städten und Partnerschaften, das Freundeskarussell drehte sich, flüchtig und oberflächlich wurde es gegenüber den neuen und alten Freunden, es fiel gar nicht mehr schwer, auf Mails nicht mehr zu antworten, Besuche bleiben- und Rituale auslaufen zu lassen.

Das viele Alleinsein fühlte sich ja auch gut an, ein scharfer Distinktionshobel: »Ich bin alleine und ich weiß es, und ich find es sogar cool«, heißt es in dem ganz alten Tocotronic-Lied »Freiburg«, und auch wenn meine kindische Abkapselrebellion der Mittneunzigerjahre, in denen ich diese Zeilen zum ersten Mal hörte, längst abgeschmirgelte Kanten bekommen hat, gelten sie für mich irgendwie immer noch. Alleine sein, einsam sein, das taugte eine gute Weile auch als Lifestyle-Entscheidung, selbst als mir schließlich auffiel, dass meine Soloparts annähernd so ausufernd waren wie in den schlimmsten Jimi-Hendrix-Gitarrengniedel-Orgien. »Man hat in der Welt nicht viel mehr, als die Wahl zwischen Einsamkeit und Gemeinheit«, schreibt Schopenhauer, zwischen Ohrensessel und Craftbeer-Pop-up-Festival also, und da fiel mir die Wahl nicht schwer, weil ich viele Menschen nun mal sehr uninteressant und anstrengend finde. Ehrlich, ohne Koketterie, *no offence*.

Also lieber mal absagen und zu Hause sein, Thomas Bernhard als Schutzheiligen und die Lieder von Casiotone for the Painfully Alone als Hintergrundmusik, so kann man sich ganz gemütlich einrichten, es kam auch meiner generellen Grundfaulheit wunderbar entgegen, nicht mehr dauernd durch die halbe Stadt gondeln müssen, um irgendwen zu treffen. »You mean well, but leave me be / Yes, I'm alone, but I'm alone and free« singt die Eiskönigin im Disney-Film »Frozen«, und genau das hätte ich in dieser Phase der heiteren Abkapselung gerne auf meinen Anrufbeantworter gespielt, aber da hatte ich längst kein Festnetztelefon mehr, weil ich eh nicht mehr ranging, wenn es klingelte, und es klingelte auch nicht mehr sehr oft.

Ich verpasste dann wohl einfach den Punkt, als aus cool plötzlich tiefgekühlt wurde. So fühlte ich mich eines Tages, als sei ich in meinem Leben irgendwie versehentlich auf die Frosttaste gekommen und eingefroren, während das Leben drumherum einfach weiterging. Das Unmerkliche, das ist das Unheimliche. Wenn das Sprechen aufhört, wenn man nicht mal eben den sozialen Snooze-Knopf drückt, sondern richtig auf Aus, und das längere Zeit gar nicht merkt. Weil man sich ja nicht ständig selbst von außen umschwirrt wie eine Diagnose-Drohne, die einen darauf hinweisen könnte, dass man sich übrigens inzwischen schon gar nicht mehr die Mühe macht, plausible Entschuldigungen für das Fernbleiben von Verabredungen oder Einladungen zu suchen, hallo, dingdingding, Warnsignal! Und dann war da plötzlich die Zeile eines anderen alten Tocotronic-Lieds, das mir manchmal in den Kopf kam: »Sich rar machen bringt ja nichts / Wenn es niemand merkt.« Als einsam hätte ich mich da immer noch nicht bezeichnet, weil ich es vorzog, nicht zu viel über meinen Sozialzustand nachzudenken.

Dann kam der Hund, ein struppiges, halbtotes Viechlein aus Ungarn, das aussah wie ein Steifftier, das man sehr lange auf einem Dachboden vergessen hatte, so hatte Philipp ihn beschrieben, als er Figo zum ersten Mal traf. Ein angeblicher Foxterrier namens Rigo, den ich in Figo umbenannte, weil seine Nase so groß war wie die des gleichnamigen, von mir verehrten Superfußballers. Figo war mein erster Hund, ich hatte mir einen gewünscht, seit ich sechs Jahre alt war. Dass es ausgerechnet ein zerrupftes, stumpffelliges Steifbein sein musste, das freundlich geschätzt schon 13 Jahre alt war, vielleicht auch noch älter, und dem man im Tierheim nicht mehr lange gab, weil er dauerhustete und vielleicht etwas mit dem Herzen hatte, habe ich mir nicht ausgesucht. Ich entdeckte Rigofigo irgendwann im Internet auf einer Tiervermittlungsseite, wie er da holzbockig stand und lächelte, trotz alledem, und dann war die Sache geritzt.

Wie einsam ich da wirklich schon gewesen bin, merkte ich erst, als ich es nicht mehr war, weil da jetzt noch jemand in der Wohnung lebte. Wie beim ewig aufgeschobenen, überfälligen Fensterputzen, wenn man sich danach wundert, wie hell es plötzlich in der Wohnung ist, und erst rückblickend bemerkt, wie stumpf die Scheiben geworden waren, wie düster die Wohnung.

Jetzt war Figo tot, ich stand lange so rum in meinem Arbeitszimmer und hielt die kleine, dunkelblaue Weste in der Hand, die er in den letzten Tagen tragen musste, damit er nach seiner Operation nicht an der riesigen Wunde leckte, die quer über seinen kleinen Rumpf verlief. Nicht nur in der Wohnung war es still, in den nächsten Tagen war die ganze Welt in dämmende Watte gepackt – oder, wahrscheinlicher, ich selbst in einen dämpfenden Kokon gehüllt, der wenig durchließ. Die Menschen schwiegen plötzlich wieder, das war neu, etwas fehlte. Am besten kann ich das Verlorene mit diesem Ausdruck aus Tennessee Williams' »Endstation Sehnsucht« beschreiben: *The kindness of strangers.* Seit zwei Jahren wohnte ich in Berlin, und ich fuhr fast täglich mit der U-Bahn. Stumme Muffzeit, in der ich mich an kein Wort erinnern könnte, das ich dort je mit einem anderen, fremden Passagier gewechselt hätte. Statt »Einsteigen, bitte« und »Zurückbleiben, bitte« sagte ich mir manchmal im Kopf »Anschweigen, bitte« und »Bedrückt bleiben, bitte!« vor.

Als Figo noch mitfuhr, war das anders: Der Hund knipste den Ton an. Mindestens bei jeder zweiten Fahrt sprachen mich plötzlich andere Menschen an, weil sie wissen wollten, wie alt das klapprige Tierchen denn wäre, ob sie mal streicheln dürften, wie er denn heiße. Eigentlich aber wollten sie mir etwas von sich selbst erzählen. Ein vielleicht Sechzigjähriger mit riesigen Ohren, aus denen feine weiße Haarbüschel wuchsen, berichtete mir, während er Figo unter dem Kinn kraulte, vom Chow-Chow des Großvaters, der sich von den anderen sechs Enkeln niemals anfassen ließ, nur von ihm, und der ihn getröstet hatte, als er so viel weinen musste, nachdem Vater und Mutter bei einem Autounfall starben. Einer Frau an der Bushaltestelle kamen die Tränen, als sie mir von ihrem verstorbenen Lieblingsmeerschweinchen erzählte, drei Jahre war es schon tot, das von der Tischplatte immer direkt auf ihre Brust gesprungen sei und sich dann in der Halsbeuge eingekuschelt hatte. Ganz weich wurden all diese sachlichen Alltagsleute plötzlich, lächelten auf der Straße den Hund an, wie er großnasig einhertrabte, und oft rutschte das Lächeln zum Schluss auch noch etwas höher zu mir. Figos Gang hatte etwas Besonderes an sich, dieser alte, müde Körper, der alle Kraft zusammenzukratzen schien, um möglichst flockig und mit federnden Öhrchen eine Art Hopsergang hinzulegen, als sei es gar nicht so übel um ihn bestellt und der Tumor in der Lunge nur ein von der täppischen Tierarzthelferin durch unsachgemäßes Gerätschaftshantieren verursachter Fleck auf dem Röntgenbild. Sehr aufmunternd sah er aus, der tapfer trabende Hundegreis.

Sein Gang bewegte etwas bei vielen Menschen, und ihre kleinen Gesten bewirkten etwas bei mir, obwohl das nur winzige Schrumpfkommunikationen waren. Lächeln, ein kurzer Kommentar: »Schönes Trabrennpferd hammse da, gehts nach Hoppegarten?«, ein Tätschler für den Hund. Plötzlich wurde ich wiedererkannt, wenn ich durch meine Straße ging, was in den zwei Jahren zuvor nie passiert war, manchmal kam es auf der breiten, sechspurigen Allee zu fast bullerbümäßigen Szenen, als hätte ich ein Extralevel im Stadtspiel freigespielt, in dem Leute nicht nur aneinander vorbeigehen, sondern miteinander sprechen. Es schien mir, als hätten all diese Leute nur darauf gewartet, einen Vorwand zu finden, einen niedlichen Mittler, um nett sein zu können. Und als sei Figo für sie ein Stellvertreter, an dem sie die ganze aufgestaute Nettigkeit auslassen können, die sie Menschen lieber nicht zeigen, weil man sonst schnell als irre gilt. Wofür ich vollstes Verständnis habe, da ich selbst eher weniger empathisch bin, was fremde Menschen angeht, und durchaus misanthrope Tendenzen habe, um es dezent zu sagen. Umso erstaunter war ich, dass mir diese fremden Menschen jetzt fehlten, deren Kon-

21

taktfitzelchen zusammen mit meinem Hund verschwunden waren.

Ich hätte nie gedacht, dass mir etwas an solchen an sich doch sehr belanglosen Gesten liegen könnte. Der kleine, alte Hund, der in mein Leben schwänzelte und viel zu früh wieder ging, hatte mich mit seiner viel zu langen Nase auf ein Gefühl gestoßen, das ich bis jetzt nie bewusst gespürt hatte, obwohl es schon lange so drückend auf mir saß. Auf einmal sah ich mein Leben anders an, als schaute ich gerade eine sehr klare, gut gemachte Doku über mich selbst, und kapierte plötzlich: Ich bin immer noch gerne für mich und grundsätzlich froh, mein Leben nicht teilen zu müssen, aber ich bin auch oft einsam. Ich bin einsam. Den Gedanken musste ich erst einmal zulassen, als er sich an mich drängelte wie fremde kalte Füße unter der warmen Bettdecke.

Es war nicht einfach, mir einzugestehen, dass Einsamkeit eben nicht nur Leuchtturmwärter und antarktische Pinguinzähler befällt, solche Menschen vielleicht am allerwenigsten, denn bei Berufen dieser Art gehört die personelle Abgeschottetheit ja schon zur Jobbeschreibung. *That's what they signed up for*, wer berufsbedingt viel alleine ist, findet das vielleicht auch unangenehm bis belastend, muss sich aber nicht fragen, wie er oder sie da reingeraten ist, ob und wie man das eventuell selbst verschuldet hat. Bestimmt hatte ich irgendwas falsch gemacht, einen Grund musste es ja haben, dass ich vom fidelen Gesellschaftswagen gepurzelt war oder gestoßen wurde.

Oder: Vielleicht auch nicht.

Vielleicht war ich von Anfang an eher als Einzelexemplar angelegt. Schon als kleines Kind war ich gerne alleine. Mit drei oder vier Jahren konnte man mich einfach auf die Wiese in unserem Hof setzen, zwei Stunden später saß ich verlässlich immer noch am selben Fleck, mir selbst genug, ganz ohne jeden Entdeckungsdrang. Der Kindergarten am Ende der Straße, in den ich irgendwann halbtags gehen sollte, war mir eine Last, ich fand dort zwar schnell Spielkameraden, hätte aber auch auf sie verzichten können, Vater-Mutter-Kind-Minidramolette in der Spielküche deprimierten mich tatsächlich schon als Vierjährige. Ich zog stets schwer bepackt mit meinen Lieblingsbüchern, einem Heft für kryptische Notizen und meinem Eliot-das-Schmunzelmonster-Plüschtier los, meinen eigenen Requisiten, meiner eigenen, tragbaren Blase, in der mich möglichst niemand stören sollte. In den ersten Jahren am Gymnasium verbrachte ich meine Nachmittage dann am liebsten alleine, lesend, das ganze »Geheimnis um …«- und »Rätsel um …«-Elefantesk-Sortiment in einem Schuljahr weg inhalierend.

Später, als Teenager bis etwa Mitte 20, beäugte ich das Cliquenwesen misstrauisch und mit wenig Anschlusswillen. Mit Hubsi und Schnubsi, Patrizia und Lisa, Heckel und Jeckel ins Freibad ziehen, und Bolzi und Beppo kommen später auch noch rum? Horror! Ich kannte diese Sozialdynamiken zur Genüge aus »Beverly Hills, 90210« und »Dawsons Creek«, dauernd gab es in diesen Gruppen angeblicher Freunde neuen Grund für Ärger- und Zerwürfnisse. Ich pflegte lieber sporadische Einzelbekanntschaften, die nichts miteinander zu tun hatten, oder eigentlich doch, wie ich an einem langen, verkaterten Nachmittag bemerkte, als ich mit meinem längstjährigen Freund Fred aus Langweile auf der Rückseite eines fleddereckigen Posters eine Netzwerkzeichnung unseres näheren, dann weiteren sozialen Umfeldes machte. Es war ein höchst elaboriertes Gewirr von Pfeilen und Namen: Wer hatte schon mal mit wem geknutscht, wer wen mit wem betrogen, wer schlief mal in einem Bett mit wem (aber ohne, dass es zu nennenswerten Betastereien gekommen wäre). Am Ende saßen wir vor dem geheimen Sozialwissen von Tübingen, Hamburg und München, Stand 1998, selbst Udo Jürgens, Pete Doherty und Kurt Cobain kamen darin vor, ohne dass wir viel herbeikonstruieren mussten. Naturgemäß, das lag an der egozentrischen Perspektive unserer Sammlung, liefen die meisten Linien bei Fred und bei mir zusammen, ich war das Zentrum dieser kartografierten Teilgesellschaft, aber das kam mit ähnlich verrutscht vor wie das Weltbild, in dem die Erde im Mittelpunkt aller Gestirne stand. Ich sah mich selbst als manchmal durchs Bild trudelnder, eher unmaßgeblicher Meteorit.

Rückblickend glaube ich: Mein Drang zum Alleinsein war schon immer da, schlummerte nur unter den aufgezwungenen Referatgruppen, Trinkbekanntschaften, dann Kollegenkumpeleien, ohne die man sehr viel beschwerlicher durch Studium und Arbeitswelt kommt. Vielleicht fühlte sich die real existierende Einsamkeit jetzt nur darum so ungewohnt an, weil ich diese Neigung noch nie so konsequent ausgelebt hatte. In den Tagen nach Figos Tod, als dieses Gefühl immer aufdringlicher wurde, dachte ich auch mehr darüber nach denn je. Es waren nicht nur negative Gedanken, in helleren Momenten war das Alleinsein wie ein Paar gut eingetragene Schuhe, die so wunderbar passen, dass man gar nicht mehr über sie nachdenkt, sondern jeden Tag wie selbstverständlich reinschlüpft.

Womöglich ist dies der natürliche *default*-Zustand, dachte ich mir, nicht nur für mich, sondern für jeden Menschen. Von dem zwar immer behauptet wird, er sei ein soziales Wesen, ein Gruppentier – aber vielleicht ähnelt seine Bauweise ja doch eher einer Kaffeeportionskapsel, in einer stabilen Aluhülle schön geschmacksdicht abgeschottet von den anderen Kapseln? Das hatten sich vor mir natürlich schon sehr viele andere Menschen überlegt, womöglich ja jeder einzelne, und wenn es nur ein klitzekleiner Grübelmoment war, in dem man sich wirklich, abgrundtief, echt existentiell einsam gefühlt hatte, alleine am Fertigsuppenautomat, eine halbe Minute im Eisenbahntunnel ohne Handynetz, als Einziger auf der Rückbank im spärlich besetzten Billobus

25

nach Buxtehude, diesen unbeaufsichtigten Augenblicken, in denen das Gehirn kurz strawanzen geht. Der Mensch weiß (wahrscheinlich) mehr über die Welt und versteht das Leben besser als jedes andere Tier, aber Teil dieses Wissens und Teil dieses Superdenker-Deals ist eben die Erkenntnis, die kommt, wenn wir ganz ehrlich zu uns sind: Dass es unmöglich ist, jemals wirklich vollständig mit einem anderen Wesen verbunden zu sein, weil man nicht in seinem Hirn, seinem Bewusstsein sein kann. Der Kern unseres Wesens ist nicht teilbar. Es gibt Grenzen der Verbundenheit, das müssen auch die ärgsten Kitschbarone und Schmusesymbioten einsehen. Willkommen in der existentialistischen Einsamkeit! Sie packt einen am Schlafittchen, wenn man sich wieder einmal nach einem bedeutsamen Leben sehnt, das einen Zweck und ein Ziel hat – und dann doch einsehen muss, dass unsere Welt, bezogen auf das große Universum, in dem sie herumtrudelt, höchstwahrscheinlich doch komplett bedeutungslos ist. Und sie drückt einem kurz das Herz zusammen, wenn man zuschaut, wie alle Menschen jeden Tag fast ameisenmäßig schöpfend und schaffend an der Welt herumbauen, und dabei das Gefühl hat, nur man selbst sei von diesem sozialen Gewusel ausgeschlossen. Der Letzte auf der Bank beim globalen Völkerball.

Solange man von da aus noch googeln kann, geht es aber. Ich suche nach »loneliness« und »human condition« und bekomme einen sehr schönen Top-Treffer, einen Auszug aus Janet Fitchs Roman »White Oleander«, in dem sie rät, Einsamkeit als menschliches Grundelement zu akzeptieren – und die Löcher, die sie einem manchmal ins Gemüt bohrt, einfach mit persönlicher Weiterentwicklung zu verspachteln. Das müsse man aber bitte schön alleine erledigen, niemals sollte man darauf hoffen, Menschen zu finden, die einen vollumfänglich verstehen können: »The best you'll ever do is to understand yourself, know what it is that you want, and not let the cattle stand in your way. Moo.«

Den Blödkühen ausweichen, aus der Herde ausscheren, das klingt heroisch und gut. Leider lese ich weiter in meinen Suchergebnissen und gerate in eine längliche wissenschaftliche Auslassung, dass Einsamkeit zwar möglicherweise durchaus angeboren, nichtsdestotrotz aber sehr ungesund sein könnte. Und das Schwelgen im Alleinsein angeblich durchaus riskant, weil man dabei wichtige Alarmsignale vernachlässige. Physischer Schmerz sei ein dem Menschen eingebautes Warnsystem, das ihn davor schütze, mit einem potentiell lebensgefährlichen Verhalten weiterzumachen: Wenn man sich selbst mit einem Hammer auf den Kopf schlägt, tut das weh, damit man wieder damit aufhört, weil das gesünder ist. Vielleicht, glauben manche Psychologen, funktioniert das Gefühl, einsam zu sein, analog dazu als psychischer Warn-Schmerz – der die Menschen davor bewahren soll, komplett in die Isolation abzutrudeln. Das Unbehagen am Alleinsein wäre dann quasi ein gut gemeinter Reminder vom eigenen Hirn, sein Sozialverhalten zu überdenken, verschlurfte Kontakte zu renovieren, neue Allianzen zu suchen, weil man die, rein archaisch gesehen, nun mal fürs Überleben braucht. Klingt nach Argumentation aus der Keule-und-Höhle-Vorzeit, aber natürlich kann man entsprechende Magnetresonanztomographie-Messergebnisse finden, wenn man danach sucht, die zeigen, dass der Schmerz durch Zurückweisung in derselben Hirnregion gespeichert wird wie die emotionale Reaktion auf den handfesten Hammerschmerz.

Im Sommer 2017 wurden auf der Jahreskonferenz des US-amerikanischen Psychologenverbandes zwei Studien vorgestellt, die die gesundheitszersetzende Wucht längerwährender Einsamkeitsgefühle belegen sollten. Die geschätzte Zahl der Betroffenen wachse in den jüngsten Jahren stetig, das allein sei schon Grund zur Sorge. Erhebungen mit mehr als 300 000 Teilnehmern hätten ergeben, dass sozial gut vernetzte Menschen ein halb so großes Risiko haben, früh zu sterben, wie Menschen, die ihre Leben weitgehend alleine verbringen. (Vielleicht kommt es ihnen auch nur so lange vor, weil sie es in schrecklicher Gesellschaft verbringen, kalauere ich das Ergebnis routiniert weg. Ist man eigentlich wirklich alleine, wenn in einem selbst noch ein geringelter Witzevogel, eine dauerpessimistische Unke und noch ein paar andere Charaktere leben? *Dazu* würde ich gerne mal eine Studie lesen.)

Die zweite Studie zäumte ihre Prämisse vom anderen

Ende her auf und untersuchte anhand der Lebensdaten von 3,4 Millionen Menschen aus Nordamerika, Europa, Asien und Australien, auf welche Weise soziale Isolation, Einsamkeit oder das Alleineleben die Sterblichkeit beeinflussen. Nun nicht mehr sehr überraschend: Alle drei Faktoren begünstigten demnach einen verfrühten Tod, teilweise sogar noch nachhaltiger als andere Risikofaktoren wie Übergewicht. Zusammenfassend warnten die Psychologen vor einer weltweiten »Einsamkeits-Epidemie«. In Großbritannien soll sich darum bald ein eigenes Einsamkeitsministerium um die sozialen Eremiten kümmern, bevor sie allesamt vor ihrer Zeit dahingerafft werden.

Mir machten diese Ergebnisse keine Angst, als ich von ihnen las. Angst bekam ich erst, als ein paar Monate nach Figo auch Philipp starb. Und ich merkte, dass man erst dann wirklich, aufrichtig alleine ist, wenn man niemandem mehr davon erzählen kann. Also beschloss ich, dieses Gefühl mangels Gesprächspartner eben für mich selbst zu sezieren, wie einen dieser bedauernswerten Frösche, die die Schüler in amerikanischen Highschool-Komödien regelmäßig aufschneiden und in dessen Bestandteilen sie dann herumkramen müssen, um die Mechanismen des Lebens zu verstehen. Schnippschnapp, Einsamkeits-Autopsie! Woher kommt sie, warum bleibt sie? Und braucht sie vielleicht gar keinen Minister, der sie bekämpft, sondern einfach nur einen guten Imageberater?

EIN GEFÜHL
MIT IMAGEPROBLEM

Ich lag rücklings auf dem fremden, wahrscheinlich vor Jahrhunderten zuletzt frisch bezogenen Bett, zappelte mit den Beinen in der Luft und konnte mein Glück kaum fassen. Ein komisches Geräusch im Erdgeschoss hatte den Aufseher weggelockt, der meinen Begleiter und mich vor etwa zehn Jahren im südwestlichen Frankreich durch den Wohn- und Schreibturm von Michel de Montaigne führte. Eine freilaufende Riesenziege sorgte für Tumult, wie sich später herausstellen sollte. Also hatten wir den Turm, in dem der Philosoph sich für ein ganzes Jahrzehnt von seiner Familie zurückgezogen hatte, aufsichtslos kurz ganz für uns, und das Erste, was ich tat, war natürlich, mich in sein Bett zu stürzen und mich im Überschwang darin herumzuwälzen.

Ich liebte Montaigne, die tiefstblau gebundene, riesige Neuausgabe seiner »Essais« war das teuerste Buch, das ich mir als Studentin je geleistet hatte (die wunderschöne, rotmarmoriert gebundene Ausgabe von »Auf der Suche nach der verlorenen Zeit«, die lange als einziger Dekor in meinem Schlafzimmer stand, nicht mitgerechnet), ich las gerne darin. Und versuchte nun stockend und ratend die lateinische Wandinschrift im Turm zu übersetzen: »Im Jahre Christi 1571, am letzten Tag des Februar, seinem Geburtstag, hat sich Michel de Montaigne im Alter von 38 Jahren, seit langem des Dienstes im Parlament und der öffentlichen Pflichten müde, noch in voller Lebenskraft in den Schoß der gelehrten Musen zurückgezogen, wo er in Ruhe und Sicherheit die Tage verbringen wird, die ihm zu leben bleiben. Gestatte ihm das Schicksal, diesen Ort der süßen Weltflucht seiner Ahnen zu vollenden, den er seiner Freiheit, seiner Ruhe und seiner Muße geweiht hat.« Bestes Leben! Wenn ich ein Amt hätte, aus dem ich mich verabschieden könnte, und die nötigen Penunzen, um die Musen zu bestechen, würde ich es ganz genauso machen.

Ich verehrte Montaigne aus einem albernen und einem ernsthaften Grund. Der alberne: Ich mochte Typen in Türmen. Wahrscheinlich lag es daran, dass ich selbst einige Jahre in Tübingen ganz oben in einem sonderbaren Gebäude gewohnt hatte, das mit seinem eigenartig aufgepropften Bau und dem wie obendrauf angeklebt wirkenden Erkerzimmer, das ich bewohnte, recht turmähnlich wirkte, vor allem, wenn ich von dort oben auf die anderen dort unten herabschaute. Im Tübinger Volksmund hieß das Haus »Wurstpalast«, weil sich hier ein reicher Metzger mit architektonisch wirren Vorstellungen verwirklicht hatte.

An die Wände des besagten Erkerzimmerchens hatte ich Porträts anderer berühmter Turmbewohner gehängt: Eben Montaigne, außerdem Quasimodo, Hölderlin, der nur ein paar Gehminuten von meiner Wohnung entfernt bis zu seinem Tod in einem Tübinger Türmchen direkt am Neckar lebte, Rainer Maria Rilke, der viele seiner Werke in einem mittelalterlichen Wohnturm im schweizerischen Wallis schrieb, und Lupo, der schlawinerische Großnasenwolf aus den Fix-und-Foxi-Comics, dort ebenfalls in einem Turm hausend.

Der ernsthafte Verehrungsgrund: Montaigne hat einen wunderschönen Essay »Über die Einsamkeit« geschrieben, den ich damals zwar schon mehrfach gelesen hatte, zum ersten Mal wirklich aber vielleicht dann doch erst irgendwann in den Wochen, nachdem Philipp gestorben war. Montaigne beschreibt darin den idealen Rückzug aus der Gesellschaft, den man so radikal wie möglich gestalten solle, damit »unsere Zufriedenheit nur noch von uns selbst abhängt. Lösen wir also alle Bindungen an andere und gewinnen wir es über uns, wahrhaftig allein leben zu können, in voller Geruhsamkeit.« Als er das schrieb, hatte er ebenfalls gerade einen engen Freund verloren: Etienne de La Boétie, Dichter und wie Montaigne auch Ratsherr in Bordeaux, der 1563 wahrscheinlich an der Pest verstarb. Die »Essais« entstanden auch deshalb, weil der Philosoph an die Stelle des Gesprächs mit Etienne nach dessen Tod das Gespräch mit sich selbst setzen musste. Natürlich fühlte ich mich ihm sofort, kaum anmaßend, als ebenfalls immer effektiver Einsamende noch mehr verbunden.

Ich konnte nachvollziehen, warum er jetzt nur noch alleine sein konnte, weil er sich zu zweit so wohl gefühlt hatte. »Erst wer die Innigkeit kennt, kann sich wünschen, nicht mehr in jedermanns Gesellschaft ausharren zu müssen«, las ich in einem schlauen »Zeit«-Artikel von Elisabeth von Thadden. Da war es, punktgenau, das paradoxe Gefühl, das mich in meinem neuen, so noch nie gekannten Alleinsein umtrieb: Zu wissen, wie angenehm mir Freundschaft, Verbundenheit und Nähe zu einem anderen Menschen sein könnte, weil ich erlebt hatte, wie jemand in einer schweren Zeit für mich da gewesen war, als die anderen Haken um mich schlugen – und genau aus diesem Grund vor allen anderen Bekanntschaften zurückzuscheuen, weil es eben so unangenehm wäre, falls dieser hohe Anspruch nicht erfüllt werden würde. Denn manchmal sind auch jahrelang gepflegte Freundschaften plötzlich nur noch die sechste Staffel einer TV-Serie, die man seit der vierten schon nicht mehr schaut, weil öde.

Ich saß zu Hause, trimmte meine verlorene Freundschaft mit Philipp in der Erinnerung wie ein barocker Buchsbaumhecken-Gärtner in Idealform und brummkreiselte ohne Ausweg um dieses selbstgeschnitzte Dilemma. Und natürlich begann ich ganz langsam auch damit, mich zur tragisch-tapferen, einsamen Heldin zu stilisieren. Die Tatsache, dass man eine Falle schon von weitem zwischen dem tarnenden Laub herausblitzen sieht, bedeutet ja nicht, dass man nicht trotzdem sehenden Auges und mit Schmackes hineintreten könnte. Ich hatte immer über einen Würzburger Studienfreund gelacht, der mir einmal erzählte, er würde gerne nachts alleine auf der dann verlassenen Festung Marienberg, hoch über der Stadt, spazieren gehen, am liebsten im Regen, natürlich ohne Schirm. Ein bisschen fatzkehaft, aber eigentlich auch irgendwie romantisch, so verloren, dachte ich erst. Bis er diese Einlassung ein paar Tage später angetrunken durch das Detail ergänzte, er tue das vor allem in der Hoffnung, dass ihn jemand dabei beobachten würde, weswegen er anfangs alle seine Mäntel und Jacken durchprobierte habe, um herauszufinden, welcher von ihnen mit hochgeklapptem, vom Regen gezausten Kragen am besten aussähe.

Jetzt muss ich mich beherrschen, nicht selbst in Einsamkeitsfolklore zu verfallen, denn meine Haltung zu diesem Gefühl hat sich dramatisch gewandelt. Wenn einen die Trauer ausknockt, weil man gerade einen wichtigen Menschen verloren hat, ist am Alleinsein nichts schön, es macht Angst. In den ersten Wochen sagte ich alle Aufträge ab und lag wahrscheinlich die meiste Zeit einfach im Bett, zumindest stelle ich mir das heute so vor – ich kann mich tatsächlich nicht mehr wirklich daran erinnern. Ich warf mich dem Kummer und der Leere völlig ungebremst in die Arme, und das hatte auf mich einen ähnlichen Effekt wie eine heftig durchgeschwitzte Grippe: Irgendwann wachte ich auf, und das Bedrohliche, akut Schmerzende war verdampft. Die Bedrückung blieb und ist nie mehr gegangen, aber sie fühlt sich inzwischen eher an wie eine dieser Therapiedecken, in die Glasperlen eingewoben sind, um sie zu beschweren – etwa ein Zehntel des eigenen Körpergewichts sollen diese Decken idealerweise wiegen, wenn man sich darunter legt, fühlt sich das zuerst leicht beklemmend, dann sonderbar tröstlich an, als sei man nicht alleine, als halte einen irgendetwas fest. Und wenn es nur das völlig klare Bewusstsein der eigenen Lage ist. Ja, ich war alleine. Ja, Philipp fehlte mir unheimlich. Aber nein, das Alleinsein an sich war nicht zwingend etwas Negatives. Im Lauf der Zeit gewöhnte ich mich an den Zustand, ich wurde fast schon gierig danach. Nach mehr Ruhe, *far from the maddening crowd.*

Manchmal fühle ich mich schlecht gegenüber den wirklich Zerschmetterten und hoffnungslos Vereinsamten, die unter ihrer sozialen Isolierung leiden und nicht die Kraft, Nerven oder überhaupt den Wunsch haben, sich in ihrem Mono-Dasein einzurichten, als sei es eine zwar leicht zugige, rauwandige, aber jedenfalls sehr geräumige und eigentlich gar nicht so üble Wohnung, aus der man mit etwas Phantasie und Improvisationsgabe schon etwas machen könnte. Als hätte ich selbst nur eine aus Lifestylegründen eingebildete Glutenintoleranz und würde ernsthaft Kranken erzählen, Gesundheit werde eh überbewertet. Aber es gibt natürlich

Tage, in denen auch ich mich alleine und elend fühle. Und dann wieder solche, an denen ich mich ebenso alleine fühle und sehr froh darüber bin. Unter dem Strich ein fairer Deal, finde ich. Ich nenne meinen Hauptzustand: alleinsam sein. Nicht so unproblematisch und flockig, wie der fast neutrale Begriff »allein« vermitteln würde, nicht so düster wie das Label »einsam«. Inzwischen trenne ich die Begriffe »allein« und »einsam« allerdings auch nicht mehr und verwende sie meistens synonym, weil ich beschlossen habe, nicht mehr dabei mitzumachen, die Einsamkeit als Finstergefühl zu stigmatisieren.

In den Phasen, in denen ich vollauf zufrieden mit meiner Lebensweise bin und das einsame Leben für mich selbst mit Zuckerguss und Streuseln verziere, hamstere ich die Energie, um mich nicht von der allgemein herrschenden Meinung überzeugen zu lassen, meine Lebensweise sei falsch, traurig, änderungswürdig, »bestimmt nur eine Phase«. Soziale Akne, quasi. Wobei die meisten dieses Thema lieber meiden. Wenn ich Bekannten im August freimütig erzählte, dass ich in diesem Jahr erst ein Mal abends ausgegangen war – früher war ich gerne, oft und ausschweifend unterwegs – und dass ich mich nicht mehr an die letzte Geburtstagsfeier erinnern könnte, zu der mich jemand eingeladen hatte, überhörten sie das, sicher taktvoll gemeint, und wechselten das Thema.

Obendrein verhöhnte mich dann auch noch Fernet Branca, das fiese Gaumen-Verätzungsgetränk, das ich früher bei meinen nächtlichen Eskapaden gerne zwischendurch mal auf Eis getrunken hatte, mit seiner »Life is bitter«-Kampagne. Neben allgemeinen Diss-Sprüchen hatten sich die Texter schnell auf kontaktschwache Menschen eingeschossen (möglicherweise ein echter Geniestreich, falls hier ihre Hauptkonsumentengruppe liegen sollte): »Du hast heute Blumen gekauft. Für deine Fensterbank. Life is bitter.« Oder kurz vor Silvester: »Dinner For One ist bei dir jeden Tag. Life is bitter.« Ich hatte ab diesem Motiv beschlossen, keinen Fernet mehr zu kaufen. Ich aß jetzt oft Edle Tropfen in Nuss.

Was so schlimm daran sein soll, sich selbst Blumen zu kaufen oder alleine zu essen (verspeisen was, wann, wo und wie viel man will – Jackpot!), verstehe ich nicht. Verbringe ich gerne und viel Zeit alleine in meiner Wohnung, finden Menschen das komisch. Würde ich mit demselben Zeitaufwand alleine den Atlantik überqueren, fände man das sehr wahrscheinlich bewundernswert. Das Alleinheitskontingent wäre bei beiden Aktivitäten dasselbe. Warum muss ich es mit sinnlosem Aktionismus aufladen, damit niemand darüber die Augenbrauen zerfurcht?

»Sind Sie Einzelerwachsene?«, fragte mich mal bei meinem alleinigen Ticketkauf die Kassiererin des Küstentierparks in Sankt Peter-Ording, und diese Bezeichnung ist mir als schönstmögliche, weil völlig ideologiefreie Beschreibung meines Zustands im Gedächtnis geblieben. Wie soll man sonst dazu sagen? Bei »Single« denke ich reflexhaft an deprimierende Mini-Fertigmahlzeiten, zu kleine Kochtöpfe und zu kleine Wohnungen, für die oft die fadenscheinige Ausrede herhalten muss, sie seien eben für Singles gedacht – als könnte man nicht auch alleine herzhaften Appetit entwickeln und als müsse man sich als Einzelmensch bitteschön möglichst platzsparend verräumen, um genug Lücken für zu Recht raumgreifende Mehrmensch-Konstellationen zu schaffen. »Alleinstehend« klang mir immer nach ältlicher Tante, Kontaktanzeige und tristem Tanztee – bis ich mich über dieses Thema beim Einzugs-Smalltalk in eine brandenburgische Ferienwohnung mit der ebenfalls alleine lebenden Gutsbesitzerin unterhielt. Sie fand, »alleinstehend« sei ein sehr kraftvolles Wort: »Wie ein großer, starker Baum, der nicht irgendwo in einer Baumgruppe verschwindet, sondern eben alleine steht. Und alleine stehen kann, weil er mit seinen stabilen Wurzeln den Windschutz der anderen nicht braucht.« Mit gefiel dieser Gedanke sehr, ich dachte an eine Wanderung durch die ausgedehnten Parkanlagen von Endsleigh, einem phantastischen englischen Landhotel am Rande des Dartmoors, in dem ich einmal vier der schönsten ereignislosen Tage überhaupt verbrachte, an denen ich im Salon saß, mit meinem Reise-Aquarellkästchen die Ringeltaubenmotive von der uralten Tapete abmalte und mich wie Baronin von Porz aus »Cluedo« fühlte. Zum klassisch-englischen Landschaftspark des Hotels gehört auch eine Baumsammlung, durch die mich der freundliche Chef-Gärtner einen Nachmittag lang führte.

Einige der Bäume, erklärte er mir, seien »Champions«, die größten ihrer Art in ganz Großbritannien. Wie Museumsstücke wuchsen sie auf besonders exponierten Plätzen. Echte, einzigartige, alleinstehende Solitärs. Lord Bedford, der Endsleigh im frühen 19. Jahrhundert erbauen ließ, war ein leidenschaftlicher Baumsammler, der Bäume von überall her in seinen Park schaffte. Er ließ einem dieser Champions, einer besonderen Tannenart, die eigentlich wärmere Temperaturen benötigt, sogar ein eigenes Gewächshaus, eigentlich eher einen Gewächsturm, bauen. Die Tanne sprengte das Glasdach schließlich in ungebremstem Wachstums- und Individualdrang.

Ich wäre lieber diese Tanne als ein verhuschtes Stämmchen in einer wackeligen Zitterpappelgruppe. Wer bitte nicht? Es ist sonderbar: Unsere Gesellschaft feiert Unabhängigkeit und persönliche Freiheit, jeder will sich individuell fühlen und sich selbst verwirklichen – nur alleine will bei diesen extrem persönlichen Entwicklungen niemand sein. Ständig soll man netzwerken, aber der Softskill Alleine-sein-Können wird einem nirgends antrainiert. Viele Menschen, die ich kenne, sind darin schlecht, sie haben keine Erfahrung, weil sie jede Chance meiden, in diesem Bereich Fähigkeiten zu entwickeln. Sie gehen nicht in Filme, wenn sie keinen finden, der mitkommt, sie testen das neue Restaurant nicht, weil sie die Einzigen in ihrer

Freundesgruppe sind, die gerne Ramen essen. Sie halten keine Lücken aus, nicht neben sich im Kinosessel, nicht gegenüber auf dem leeren Lokalstuhl, nicht in ihrem Leben. Denn ein erfülltes Leben, wie wir es heute begreifen, ist vollgepackt mit ergriffenen Chancen und genutzten Angeboten, bloß keine nicht näher bezeichneten Löcher im Lebenslauf lassen, für die man keine Beschäftigungsrechtfertigung vorweisen kann. So ein Leben lässt keine Leerstellen zu, darum muss auch jede frei werdende Position im Emo-Personal schnell wieder besetzt werden.

Manchmal kommt es mir so vor, als fänden viele es auch schon beklemmend, wenn sich ein anderer aus freien Stücken von der Herde entfernt und ohne Aufsicht und soziale Kontrolle möglicherweise kauzige Angewohnheiten entwickelt. Sie werden unruhig, als stelle der freiwillige Einzelmensch das Leben des sozial solide eingebundenen Betrachters auf die Probe, als setze man direkt das Skalpell an, um mal nachzuschauen, ob sein angeblich so glückliches Familienleben wirklich die reine Erfüllung ist, alleine durch den Umstand, dass man sich selbst eben zu einem ganz anderen Leben entschlossen hat. Manche Menschen reagieren auf mein Alleinsein tatsächlich fast persönlich beleidigt, wenn ich ihren mitleidigen Mienen erkläre, das sei kein beklagenswerter, dringend zu ändernder Du-findest-sicher-auch-bald-jemanden-Umstand, sondern absolut wunderbar so.

Was einem Angst macht, etikettiert man am besten mit der schnellfeuernden Labelmaschine. Sara Maitland, Autorin des schönen Büchleins »How to be alone« (aus der Lebenshilfebibliothek von Alain de Bottons »School of Life«), ist selbst leidenschaftlicher Alleinmensch und sagt, viele Leute diagnostizierten Menschen wie sie als »sad, mad or bad« oder gleich als Trägerin aller drei Eigenschaften auf einmal. *Sad*, weil meist angenommen wird, als einsamer Mensch sei man automatisch mindestens traurig, mutmaßlich depressiv. *Mad*, weil man in der Abgeschiedenheit zwangsläufig zum nicht ganz zurechnungsfähigen Kauz, möglicherweise auch zum »monomaniac« wird, wie Maitland schreibt. Und *bad*, weil eine abgeschiedene Lebensweise auf der Checkliste für typische Serienmörder-Eigenschaften ganz weit oben steht. Wenn nach einer öffentlichkeitswirksamen Straftat die auskunftsfreudigen Gartenzaunnachbarn von Reportern befragt werden, wie der oder die Verdächtige denn so sei, ob man denn etwas hätte ahnen können, ist »war ein Einzelgänger, lebte für sich, hatte nicht viel Kontakt zu anderen Menschen« eindeutig keine wertneutrale Aussage. Eine heimlich gärende Metzelneigung traut man solchen komischen Leuten auf jeden Fall eher zu als den familiär fest eingewobenen (obwohl die doch täglich viel heftigerem unmittelbarem sozialem Stress ausgesetzt sind, der potentiell zermürbend wirken kann).

Nein, wenn andere einen als einsam einschätzen, ist das nicht gut fürs Image. Als einsamer Wolf wird man als

Einzelerwachsener (um das schöne Zookassenwort noch einmal zu ehren) von außen nur selten gesehen, weitaus häufiger wohl als alleinstehender Maulwurf, an den ohnehin die meisten Sinnesfreuden gewöhnlicher Lebewesen verschwendet sind. Als sähe man das Leben alleine eh nur in Grautönen. Heroisch ist Einsamkeit für die breite, sozial verklebte, fidel beim Nebenmann eingehakte Masse höchstens in der Popkultur, wo sie, umgekehrt proportional zum Restleben, geradezu übereifrig verhandelt wird. »Songs about loneliness« haben dann auch eine eigene Wikipediakategorie, gesammelt werden hier »songs about feeling alone in numerous ways (hurt, isolated, disappearing, or experiencing independence)« – wie schön, dass mit der letzten Kategorie immerhin auch die besungene freiwillige Einsamkeit dabei sein darf.

Meine elf liebsten Einsamkeitslieder, ungerankt:

Bananarama: »Cruel Summer«
Die Beschuldigung einer Jahreszeit, das ist mal was Neues. Der Sommer, der grausame Sommer ist schuld am Elend der Erzählerinnen – na ja, okay: der fiese Sommer plus der Umstand, dass sie gerade verlassen wurden. Auch die Freunde sind allesamt ausgeflogen, und die Stadt ist verstopft von dämlichen Touristen. Die Sonne, die gelbe Sau, macht mit beim Komplott, und bollert wie zum Hohn aus allen Öfen. Da bleibt einem nur, den

Hochaugust in einem dunklen Keller abzusitzen, natürlich alleine.

Billy Idol: »Dancing with Myself«

Zu diesem Lied kann man nur alleine tanzen: Jeder alberne Kick und jede hochgereckte Faust ein Mini-Manifest des glücklichen, selbstbestimmten Solowesens! Sollen die anderen doch im Rudel hopsen und ringelpiezen, man zwinkert sich selbst im Spiegel zu, nimmt noch einen Schluck, und tanzt mit sich selbst, dem liebsten Menschen, den man hat.

The Beatles: »Eleanor Rigby«

»Ah look at all the lonely people« – die Beatles schauen sich in diesem Lied zumindest zwei von ihnen an: Eleanor Rigby, die alleinstehende Frau, die nach Hochzeiten in der Kirche den geworfenen Jubelreis aufklaubt, und Pfarrer McKenzie, dessen Predigten längst niemand mehr hören will. Als sie in der Kirche tot umfällt, trägt er sie allein zu Grabe. Besonders gut gefällt mir die Zeile »No one was saved«, eine Absage an die gerade im Pop beliebte Praxis der Kitschploitation, dem vermeintlich »guten« Ende auf den letzten Drücker, in der letzten Strophe. Der Künstler Tommy Steele verewigte Eleanor Rigby als Statue in der Stanley Street in Liverpool. Ein Schild darüber verrät die Widmung: *Dedicated to All the Lonely People.* Man möchte sofort

selbst seinen Lieblingseinsamen aus Pappmaché nach-
formen.

Abba: »The Day Before You Came«

Agnetha, die Erzählerin, rapportiert die Geschehnisse ihres letzten Tages, bevor ER oder SIE in ihr Leben trat
und alles änderte: Um acht aus dem Haus, wie immer,
mit der Bahn zur Arbeit, unterwegs die Zeitung gelesen
und über die Kommentarspalte mal wieder die Augen
verdreht, der übliche Papierkram im Büro, dann Mittags-
pause an derselben Bude wie meistens. Feierabend um
fünf, unterwegs noch was beim Chinesen mitgenommen,
dann Fernsehen, noch ein paar Seiten lesen und kurz
nach zehn ins Bett, wie sie es gerne mag, und zum Einschlafen noch dem Regen auf dem Dach zugehört. Der
ganz gewöhnliche Tagesablauf einer Einsamen, der auf
den Hörer wahrscheinlich abschreckend oder mitleid-
erregend wirken soll – aber man könnte auch sagen: Ist
doch alles wunderbar! Ein unaufgeregtes Leben, so gut es
geht nach den eigenen Regeln. Allein die Zeile »There's
not, I think, a single episode of Dallas that I didn't see«
nimmt mich für die Lebensweise der Erzählerin ein: Eine
Beziehung eingehen bedeutet ja oft auch, eigene Interessen zurückstellen müssen. Vor der Ankunft von IHM
oder IHR kann die Protagonistin offenbar munter sehen,
tun und lassen, was sie will. Es geht ihr nicht schlecht,
sie scheint nicht zu leiden, sie kommt zurecht und sagt

selbst, sie habe bis jetzt eigentlich nicht das Gefühl gehabt, ziellos vor sich hin zu leben. Sie wartet nicht auf einen Erlöser, weil es kein Elend gibt, aus dem sie erlöst werden müsste, sie braucht kein Erkannt-werden durch eine zweite Person als Existenzberechtigung. Und das weiß sie wahrscheinlich auch, man bekommt diese Ahnung jedenfalls durch das Buch, das sie gerade liest – »the latest one by Marilyn French or something in that style« – French war eine bekannte feministische Autorin, ihr bekanntester Roman ist »The Women's Room« von 1977, in dem Val, eine radikale Feministin, an einer Stelle den berühmten Satz sagt: »All men are rapists, and that's all they are. They rape us with their eyes, their laws, and their codes.«

Ich bin nicht alleine mit dem Verdacht, dass der Tag, an dem ER oder SIE ins Leben der Erzählerin tritt, kein glücklicher ist. Musikjournalist Taylor Parkes schrieb 1995 in einem Abba-Essay, die sphärisch dräuenden Hintergrundchöre könnten ebenso plausibel einen Mörder und nicht einen Liebhaber ankündigen. »The Day Before You Came« sei einfach nur eine weitere Variation des Abba'schen Zentralthemas, sagt er, das Leben sei nun mal trivial, meistens geschehe einfach nichts – und wenn doch etwas passiert, macht es die Dinge oft übler als zuvor. Liebe kann auch eine Bedrohung sein, selbst wenn die Erzählerin nicht umgebracht werden sollte, sondern lediglich gezwungen wäre, für den neuen Menschen in ihrem Leben ihre Unabhängigkeit aufzugeben. Weil der mit seiner dauernden Maulerei, niemand würde in Wirklichkeit Dex Dexter heißen (»was für ein unrealistischer Name!«), nach dem Dallas-Dienstag auch gleich noch ihren geliebten Denver-Clan-Mittwoch killen würde, denke ich mir.

Whitesnake: »Here I Go Again«
Feinster Prolo-Pathos, ein wachechtes *guilty pleasure*, würden viele Menschen ironisch abgesichert einräumen. Das Gute am Alleinsein: Es gibt keinen anderen, der geschmacksrichterlich über die eigene musikalische Coolness urteilen könnte. Also aufdrehen und Faxen machen, als gäbe es kein Morgen.

Kendrick Lamar: »Feel«
Rapper, denkt man sich so, wenn man sie rottenhaft vor Dickautos posieren sieht, sind Rudeltiere. Umso überraschender ist Kendricks Einsamkeitseinlassung: »Feel like I ain't feelin' you all/Feel like removin' myself, no feelings involved«. Dauernd will irgendwer irgendwas von einem – aber wenn es wirklich hart auf hart kommt, wenn sich alles nach Weltenende mit Pauken und Trompeten anfühlt – wer betet dann für einen selbst?

Howard Carpendale: »Ich geb' mir selbst ne Party«

Das schönste Mädchen der Stadt hat sich davonge-
macht – schlecht. Der Erzähler ist nicht glücklich über
diesen Umstand, aber längst nicht niedergeschlagen genug, um trübselig in der Ecke zu sitzen. Er feiert sich
selbst, und zwar im Wortsinn, und nicht so inflationär-
abgeschwächt, wie die jungen Leute heute diese Formulierung gebrauchen. Er zündet die Konfettikanonen
und stößt mit sich selbst an: ein Hoch auf nicht-uns, ein
Hoch auf mich! Zwar fände er es schon schöner, würde
sich bald wieder eine »Party für zwei« ergeben, aber wenn
nicht, hat er bereits andere Pläne: »Man kann, hat man
Kummer, auf Reisen gehen / oder auch nebenan in die
Bar.« Das muss diese Selbstfürsorge sein, von der man
zurzeit so viel hört.

Suede: »Lonely Girls«

»Lonely girls, lonely girls fill the world« – keiner schuchzt
laien-soziologische Befunde so schön und erhaben wie
Brett Anderson. Ein paar Strophen lang gibt er den Ab-
geschiedenen Namen und Gesicht: Stephanie, die ihre
Poster anstarrt, Tina, die neben dem Telefon hockt, Jane,
die alleine ihre Wohnung streicht. Ein Satz pro Girl genügt, um zumindest ein blasses Gefühl für ihre Traurig-
keit zu bekommen, die sie sonst für sich behalten. Aber
ist man wirklich einsam, wenn Brett weiß, dass man existiert?

Hank Williams: »I'm So Lonesome I Could Cry«

Auch die Natur fühlt sich manchmal allein: Die *lonesome whippoorwill*, die Schwarzkehl-Nachtschwalbe also, singt zu niedergeschlagen, um zu fliegen, und hat augenscheinlich ihren Lebensmut verloren. Auch der Mond geht stiften, um in Ruhe weinen zu können. Und Hank, der Traurigste von allen, schmiegt sich mit dem herzzerreißendsten Lonesomeness-Heuler von allen sachte an.

Gilbert O'Sullivan: »Alone again (naturally)«

Der Erzähler hat etwas vor: Falls es ihm in absehbarer Zeit nicht merklich besser geht, wird er zu einem Turm in der Nähe spazieren, hinaufklettern und sich herunterstürzen – damit alle, die sich gelegentlich fragen, wie es sich wohl anfühle, völlig zerschmettert zu sein, endlich vernünftiges Anschauungsmaterial erhalten. Auslöser für die Lebensüberdrüssigkeit: Er wurde am Traualtar versetzt, obendrein starben seine Eltern. Und doch ringt er sich in aller Schwermut noch eine kleine sarkastische Klammer ab: Wieder allein (naturgemäß).

The Flaming Lips: »You Are Alone«

Ein Lied, das ich nicht aus ästhetischem Pläsier gerne höre, sondern weil mir die Idee dahinter so gut gefällt. Wayne Coyne, der Sänger der Flaming Lips, erklärte sie in einem Interview einmal so: »Wir stellen uns bei diesem Lied vor, man ist in der Kirche und richtet den Blick zum Himmel – nicht, dass irgendeiner von uns in die Kirche gehen würde, aber wir verstehen die Idee, das Universum anzubrüllen und zu fragen: ›Bin ich alleine? Was ist hier eigentlich los?‹ Und das Universum antwortet und sagt: ›Ja, du bist alleine.‹« Bitte sich selbst nie etwas anderes einreden.

Das sind aktuell meine liebsten Lieder über das Alleinsein, aber die Auswahl ist natürlich überwältigend. Ich mag allerdings keine fröhlichen Einsamkeitslieder, zu denen man stumpftrampelig herumhüpfen kann, wenn man den Text ignoriert, und die ein tiefes Gefühl mitgrölbar machen. Am schlimmsten: »So Lonely« von Police – Lo-lo-lo! Lo-lo-lo! Schrecklich. Natürlich gibt es nicht nur viele schöne Lieder über Einsamkeit, sondern auch herrliche Filme, die das Alleinsein ihrer Protagonisten in rahmungswürdige Bilder zerlegen. Sie bieten cineastische Unterhenkelung an trüben Tagen. Ingmar Bergman und Michelangelo Antonioni waren zum Beispiel phantastische Porträtisten trudelnden menschlichen Treibguts. Meine beiden liebsten Einsamkeitsfilme, bei denen ich mir tatsächlich nicht vorstellen könnte, sie in Gesellschaft zu sehen, handeln zufälligerweise beide von einer einsamen Sekretärin auf Reisen.

Der erste ist »Das grüne Leuchten« von Éric Rohmer aus dem Jahr 1986, Teil seines Zyklus »Komödien und Sprichwörter«, in dem die frischverlassene Delphine unentschlossen durch ihre Sommerferien tändelt und sich dabei weder für ihre verzichtbaren Freunde noch für eine

Urlaubsregion entscheiden mag. Alleine reisen hält sie für »unmenschlich«, aber mit ihren Bekannten will sie auch nicht sein, weil die sie nur wahrnehmen, aber eben nicht kennen. Ihr leicht behäbiges Gelangweiltsein kann nur mühsam die Wut verbergen, die sie darunter konserviert: auf dümmliche Konventionen und hochnotpeinliches Auf-riss-Gegockel. Delphine bleibt rau und versagt sich jeder sozialen Schmirgelarbeit, sie bleibt kapriziös und unwillig, sie arrangiert sich mit ihrer Andersartigkeit. Am Ende gibt es möglicherweise doch noch eine märchenhafte Wendung, eventuell aber auch nicht.

Die zweite Solo-Sekretärinnenreise heißt auf Deutsch etwas muffig »Traum meines Lebens«, im Original »Summertime«, und stammt von 1955. Katherine Hepburn spielt Jane Hudson, eine alleinstehende »fancy secretary« mittleren Alters aus Ohio, die sich nach langem Sparen endlich den Traum von einer Reise nach Venedig erfüllt. Schon beim Bootstransfer zum Hotel drängt sich ihr das Horror-bild einer Paarbeziehung auf, amerikanische Touristenehe-leute, die Jane ungefragt ihren schon vorab in Stein gemei-ßelten Tagesablaufplan herunterbeten: Zwei Stunden IA am Tag, kurz für »independant activities«, sind das höchste Maß an persönlicher Freiheit, das sie sich gegenseitig zu-gestehen.

Im grauen Blusenkleid streift Jane alleine durch Vene-dig, diese schlimmste Stadt der Paarfolklore, es gelingt ihr nicht einmal, ein Streunerkätzchen anzulocken. Schließlich verheddert sie sich in eine Affäre mit einem verheirateten Mann und löst sich so abrupt wieder daraus, wie man ein Pflaster abzieht, weil sie weiß, dass sie diese Verbindung nur unglücklich machen würde. »Variety« lobte in seiner Kritik vor allem Hepburns Darstellung einer »stolzen Einsamkeit«, und Regisseur David Lean sagte in einem Interview: »Ich glaube, Einsamkeit ist in jedem von uns. Wir spüren sie viel häufiger als Liebe, aber wir sprechen weniger über sie. Wir schämen uns dafür. Wir denken vielleicht, dass wir damit eine Niederlage zugeben.«

Die meisten Menschen haben also eine eher verhuschte Einstellung zur Einsamkeit, vor allem zu ihrer eigenen. Vielleicht, weil vielen von ihnen das Pathos suspekt ist, aus dem man notwendigerweise schöpfen muss, um den Alleine-Zustand zu einer delektablen Erfahrung umdeuten zu können. Ganz im Gegensatz zu vielen Philosophen, deren erbauliche Kalendersprüche zum Thema weite Scrollstrecken in den Zitatdatenbanken füllen. Allen voran Eigenbrötler-Posterboy Arthur Schopenhauer, der die Einsamkeit in seinen »Aphorismen zur Lebensweisheit« ausgiebig bedachte. Meine Top 3 dieser Vignetten, die man sich, es liegt in der Natur des Gegenstands, leider selbst ins Poesiealbum schreiben muss:

1. »Wer viel an sich selber hat, bleibt am liebsten allein.« Man kennt diese Abende, die man mit Fadheimern ver-

dämmert. Man selbst hat nach dem dritten Gin Tonic spontan eine kleine Kulturgeschichte der zunehmenden Verwortspielisierung von Nagelacknamen aus dem Hut gezaubert, die anderen sitzen wie Stummfische um einen herum und pressen sich im Laufe eines Abends höchstens noch heraus, bei welcher Folge von »Game of Thrones« sie gerade stehen und dass sie Arcade Fire »ja echt ganz gut« finden. Anregende Spinnereien: Fehlanzeige. Und auf dem Heimweg fragt man sich, warum man nicht einfach zu Hause geblieben ist, um endlich mit dem lang geplanten Mammut-Kunstprojekt »Alle Hunderassen, die ich kenne, auf einem Bild, und zwar im Stil des Pointillismus« anzufangen.

2. »Einsamkeit gewährt dem intellektuell hochstehenden Menschen einen zweifachen Vorteil: erstens den, mit sich selber zu sein, und zweitens den, nicht mit andern zu sein.« Schöner und schnöselhafter könnte man diese Meinung kaum formulieren. Bei mir löst sie jedenfalls aus, dass ich sofort mit Schopenhauer befreundet sein möchte und mich mit ihm zum Spezitrinken im Biergarten verabreden will. Größtes Problem, neben einigen organisatorischen Petitessen: Er würde, siehe oben, auf keinen Fall mit mir befreundet sein wollen. Wie kann man ihn nicht lieben?

3. »Liebe zu Einsamkeit ist nicht als ursprünglicher Hang da, sondern entsteht erst in Folge der Erfahrung und des Nachdenkens, namentlich der Einsicht in die moralisch und intellektuell elende Beschaffenheit der Menschen.« Eine Einsicht, die uns die Sozialisierungsindustrie so schwer wie möglich machen will. Dauernd werden wir von ihren Werbespots beballert, in denen sie uns weismachen will, man könnte Produkte wie Pralinen und Alkohol, ja, selbst infamen Fertigfraß nur in der Gruppe so richtig genießen. Es kostet viel Kraft, diesen eingebläuten Geselligkeitszwang zu überwinden und einmal nüchtern zu betrachten: Was sind das eigentlich für Vögel, mit denen ich mich dauernd treffe? Der Rest ergibt sich nach eingehender Betrachtung dann von selbst.

Es gibt so viele Zitate von so vielen Philosophen zu diesem Thema, dass ich schon länger den Verdacht hege, es könnte da einen internen Wettbewerb in der Eierkopf-Szene geben, wer das prätentiöseste und selbstvernarrteste Bonmot dazu zwirbeln kann. Weit vorne mit dabei wären auf jeden Fall Pablo Picasso mit »Nichts kann ohne Einsamkeit entstehen. Ich habe mir eine Einsamkeit geschaffen, die niemand ahnt. Es ist schwer, heute allein zu sein, weil es Uhren gibt. Haben Sie je einen Heiligen mit Uhr gesehen?« und Edward Gibbon mit »Conversation enriches the understanding, but solitude is the school for genius«. Wobei die Krone für mich immer noch Friedrich Rückert mit diesen Versen davon trägt, bei denen ich nicht ganz ausschließe, sie an vielen einsamen Abenden noch mal in zierlichem Kreuzstich zu verewigen: »Der Adler fliegt allein, der Rabe scharenweise; Gesellschaft braucht der Tor, und Einsamkeit der Weise.«

Der Elfenbeinturm hat eben nur Einzelzimmer, so will es der verschmalzte Denker- und Schreibermythos, und es ist ja auch völlig verständlich, dass Kafka seiner Verlobten Felice Bauer eine freundlich geschwurbelte Absage erteilen muss, als sie ihm dort Gesellschaft leisten möchte. Weil er sich beim Schreiben komplett öffne, sei es unmöglich, dass sie ihm dabei zuschaue: »Deshalb kann man nicht genug allein sein, wenn man schreibt, deshalb kann es nicht still genug um einen sein, wenn man schreibt, die Nacht ist noch zu wenig Nacht.« Wenn es nicht die anderen erledigen, verklärt sich der einsame Wortschnitzer eben selbst, doch meistens finden sich genug Bewunderer. So paradox ist das Einsamkeits-Stimmungsbarometer bei den meisten Menschen geeicht: Gewöhnliche Menschen macht sie zu bedauernswerten Tröpfen, kreativ Schaffende rückt sie in den Verdacht des Genialischen.

Wenn es nach mir ginge, würden wir den Eremiten mehr bewundern als den penetrant vernetzten Influencer. Zumal diese freiberufliche Tätigkeit schon einmal durchaus angesehen war: Bis ins 14. Jahrhundert waren Einsiedler von den Restmenschen höchst geschätztes Einsamkeitsfachpersonal, viele spätere Heilige lebten zeitweilig mindestens als asketische Mönche, oft aber tatsächlich in irgendwelchen Höhlen oder Erdlöchern.

Meine fünf liebsten Heiligen-Eremiten (die alle rein zufällig zwar keine Lust auf Menschen, dafür aber loyale Tierfreunde hatten):

1. Paulus von Theben (* angeblich 228; † angeblich 341) war der Legende nach der erste ägyptische Einsiedler, der sich mit 22 Jahren vor der Christenverfolgung von Kaiser Decius in die Wüste rettete und dort eine karge Heimstatt bezog. Er ist Schutzheiliger der Korb- und Mattenflechter, denn seine Kleidung bastelte er aus den Blättern einer Palme, die in der Nähe seiner Höhle wuchs und deren Früchte seine einzige Nahrung waren, bis er 43 Jahre alt war – dann kam plötzlich jeden Tag ein Rabe vorbei, um ihm einen halben Laib Brot zu bringen (aus der Reihe: Superpraktische Bizarro-Dinge, die einem selbst auch gut gefallen würden, aber leider nur Heiligen passieren). Als Paulus 113 Jahre alt war, schaute überraschend sein Eremiten-Kollege Antonius vorbei, der da gerade 90 Jahre alt war und eben erst von Paulus' Existenz erfahren hatte – bis dahin hatte er geglaubt, selbst der erste und älteste Einsiedler in Ägypten zu sein. Vermutlich war das zu viel soziale Aufregung für Paulus, jedenfalls starb er unmittelbar nach dem Besuch. Antonius

beerdigte ihn mit Hilfe zweier heulender Löwen, die ihm halfen, ein Grab auszuheben, und nahm sich Paulus' Palmenklamotte als Souvenir mit.

2. Chariton der Bekenner (* in Ikonien in Kleinasien; † um 350 angeblich in der Laura Pharan bei Jericho). Bei einer Pilgerreise wurde er von Wegelagerern gekidnappt und gefangen gehalten – bis eine Schlange in die Weinflaschen der Schurken kroch und den Wein vergiftete. Beim nächsten Trinkgelage starben alle Entführer, und Chariton war wieder frei. Er zog sich in eine Einsiedelei in der Nähe von Jericho zurück, wohin ihm immer mehr Gleichgesinnte folgten, die ebenfalls in Einsamkeit leben wollten, was nur leider in der Gruppe nicht so gut funktioniert. Also gründeten sie ein Kloster, und Chariton musste in eine abgelegene Höhle umziehen. Nur Heilige werden bei so was nicht ernsthaft sauer.

3. Gallus (* um 550 auf Irland oder im Raum Vogesen-Elsass; † 16. Oktober 640). Er war ein möglicherweise irischer Wandermönch – hier streiten sich die Quellen – und Missionar, der vor allem im Bodenseeraum unterwegs war. Anscheinend hatte er dabei ein durchaus kommodes Auskommen, wenn man den Legenden glauben darf: Einmal ließ der Himmel demnach drei Tage lang gebratene Wachteln regnen, damit Gallus und seine Missionarskollegen sich wieder einmal ordentlich

satt essen konnten. Zum Eremiten wurde der Mönch, als er unterwegs auf holprigen Pfaden strauchelte, in einen Dornbusch fiel und beschloss, hier fortan zu wohnen. Man kennt solche Ungeschicklichkeiten von lustigen Betrunkenen, wenn sie versehentlich in Rosenrabatten oder überraschend daherplätschernden Bächlein zu liegen kommen, und mitunter haben auch sie dann den dringenden Wunsch, nie mehr von diesem vermeintlich bequemsten Ort der Welt aufzustehen. Meistens überdenken die Suffstrauchler diesen Plan spätestens am nächsten Morgen, aber Gallus zog ihn knallhart durch. Er ließ sich auch nicht einschüchtern, als direkt in der ersten Nacht ein riesiger Bär zu seinem Busch kam, sondern tat, was einem in einer solchen Situation vermutlich sämtliche Überlebensratgeber empfehlen: Er befahl dem Bären »im Namen des Herrn«, ein Stück Holz ins Lagerfeuer zu werfen – der Bär gehorchte. Anschließend handelte Gallus mit dem kooperativen Tier einen guten Deal aus: Er gab ihm ein Stück Brot, unter der Bedingung, dass er ihn und seinen Dornenstrauch in Zukunft in Ruhe ließe. Und so geschah es. Nach Gallus, diesem vortrefflichen Tierdiplomaten, wurde später völlig zu Recht das Kloster St. Gallen benannt.

4. Seraphim (* 1759 in Kursk; † 1833 in Sarow). Weil ihm das Klosterleben zu gesellig war, bezog der Mönch Seraphim alleine eine kleine Waldhütte und lebte dort

25 Jahre in Einsamkeit. Man darf sich das Leben in seiner Wildnis-Butze allerdings nicht so pittoresk und Kinfolk-mäßig vorstellen wie all die kleinen, von Minimalismuspäpsten durchgestylten Retreat-Pods, die momentan als Reisedestinationen für Viertages-Digitaldetox-Fluchten boomen – das Mobiliar war ziemlich speziell: 1000 Nächte verbrachte er auf einem Stein stehend oder kniend oder auf einem Holzbündel sitzend, später in einem selbst gebauten Sarg – weil er sich damit ständig selbst darin erinnern wollte, sein Herz nicht an irdische Dinge zu hängen. Mit der Zeit kamen immer mehr Menschen, um ihn um seinen Segen oder einen frommen Ratschlag zu bitten oder ihn schlicht zu begaffen, so viele, dass es Seraphim irgendwann zu viel wurde: Er verrammelte den Zugang zu seiner Hütte mit Zweigen und legte sich flach auf den Boden, wenn er jemanden kommen hörte. Von seinem ehemaligen Kloster bekam er eine magere Brotration, die er mit den Waldtieren teilte. Der Legende nach soll eine Nonne beobachtet haben, wie ihm einmal ein Bär ein paar Honigwaben brachte. Auch Zar Alexander besuchte Seraphim in seiner Klause und starb kurz darauf – angeblich. Einer frühen Verschwörungstheorie zufolge kann es auch sein, dass er das Zarenleben satthatte, seinen Tod nur vortäuschte und, angestiftet von Seraphim, fortan als Eremit Feodor Kuzmich in Sibirien lebte. Semi-true story.

5. Godric (* 1065 in Norfolk; † 1170). Er war ein echter Jobhopper: Hausierer, Kaufmann, Schiffseigner, eventuell auch Schmuggler. Wallfahrten nach Jerusalem, Compostela und Rom brachten ihn schließlich wieder auf den rechten Weg, ab 1105 lebte er bis zu seinem Tod 65 Jahre lang als Einsiedler. Obwohl er nie offiziell in den Heiligen-Kanon aufgenommen wurde, gibt es reichlich Legenden über ihn, meistens kommen auch Tiere darin vor. So soll er in seiner Waldklause bei einer Treibjagd Hirsche vor den Jägern versteckt haben und erlaubte Schlangen, Kaninchen und Feldmäusen im Winter, mit ihm im Bett zu schlafen, damit sich die Tierchen aufwärmen konnten. Sein bester Stunt stellt sämtliche Bärengeschichten seiner Eremitenkollegen in den Schatten: Er brachte seiner Kuh bei, selbständig zum Weiden auf eine Waldlichtung zu spazieren und zurückzukommen, wenn sie gemolken werden musste.

Ich liebe diese Heiligen-Vitae, weil sie kauzige Geschichten aus einer Zeit sind, in der selbst gewählte Einsamkeit nichts Bemitleidenswertes, sondern etwas Verehrungswürdiges war. Das Verhältnis zum Alleinsein wurde im Laufe der Zivilisationsgeschichte immer wieder umgedeutet und neu bewertet. Als etwa in der Renaissance die römischen Republikideale des idealen Staates und sozialen Zusammenlebens wieder hervorgekramt wurden, störten ausscherende Eigenbrötler plötzlich die wie geschmiert ratternde

Gemeinschaftsmaschine. Bis die Menschen in der Romantik wieder ihre edle, empfindsame Seele entdeckten, die von allzu viel Weltlich- und Gemeinsamkeit zerschrammt war und mit alleinigem Herumstromern in der einsamen Natur wieder beruhigt werden musste. Die romantischen Streuner suchten alleine in der Natur zwar, anders als meine frommen Eremiten, keine tiefe Beziehung mehr zu Gott, labten sich aber immerhin an ihrem eigenen Ego und verschnörkelter Innerlichkeit.

Englische Adlige ließen sich im 18. Jahrhundert eigens Deko-Eremitagen in ihre weitläufigen Landschaftsparks bauen: grobe Hüttchen aus unregelmäßigen Steinen oder verkleidet mit borkigem Holz, dessen Verrottung man als Realness-Akzent dankbar in Kauf nahm. Mitunter zog sich der Parkbesitzer selbst für ein Stündchen dorthin zurück, wenn ihn die Melancholie kitzelte, die Ambitionierteren erfanden sich gar einen Einsiedler als dramatisches Alter ego, in dessen Rolle sie gelegentlich schlüpften, weil sie in ihrem echten Leben zwar keine Zeit fürs Alleinsein hatten, eigentlich aber gerne mehr für sich gewesen wären. Oder zumindest in die Idee davon verliebt waren.

Die meisten Eremitagen brauchten ohnehin keine echten, lebenden Bewohner, sie waren als Stillleben komponiert und sollten von ganz alleine so aussehen, als ob hier jemand wohnte: Über einem einfachen Stuhl hing vielleicht ein kratziges, flachsenes Gewand, auf dem Tisch standen eine Kerze und ein Krug. So beliebt waren diese künstlichen Einsamkeitskulissen, dass es ein eigenes architektonisches Anleitungsbuch für ihre Errichtung gab, William Wrightes »Grotesque Architecture; or, Rural Amusement. Consisting of plans, elevations and sections for Huts, Retreats, Summer and Winter hermitages, terminaries, Chinese, Gothic and Natural Grottoes, Cascades, Baths, Mosques, Moresque Pavilions, Grotesque and Rustic Seats, Green Houses etc.«

Einmal stolperte ich beim Herumspazieren selbst in eine solche Schmuckgrotte, und zwar im riesigen Landschaftspark des schon erwähnten englischen Hotels Endsleigh. Ich ging mit angeknipster Außensicht (warum verfolgt einen nicht ein Kamerateam oder wenigstens eine Drohne, wenn man einmal in solch eine perfekte Versonnenheitskulisse gerät?) durch einen langen, langen, wirklich *sehr* langen Rosenbogengang, an dessen Ende ein paar schiefe Stufen unerwartet nach unten in eine kleine, achteckige Grotte führten, deren Innenwände komplett mit Muscheln und Meeresglitzer ausgekleidet waren, eine unfassbare Puzzlearbeit, designt von Humphry Repton, einem Star unter den Landschaftsarchitekten des 18. Jahrhunderts, für den Duke of Bedford (der feine Herr mit der Baumsammlung). In der Grotte gluckerte eine kleine Quelle, bühnentauglich gemachte wilde Natur. Ich nahm mir vor, auf einer der Marmorbänke in dieser Grotte einige bedeutsame Briefe (und damit meine ich WhatsApp-Nachrichten) zu schreiben, aber wann immer ich während meines viertägigen Aufenthaltes beseelt zur Muschelgrotte wandelte – immer war sie besetzt, und zwar niemals mit einem grübelnden Alleinmenschen, sondern stets mit Paaren, zuweilen Champagner trinkend. Was für eine Verschwendung.

Andererseits auch wieder passend, denn auch die Deko-Eremitage-Besitzer im 18. Jahrhundert nutzten ihre Hüttchen – schmerzende Paradoxie! – gerne für Picknicks und andere gesellschaftliche Events, bei denen sie selbstgezogene Melonen servierten und als Schäferinnen verkleidete Frauen Lieder sangen, mitunter musste ein ungeliebter Bruder oder sonst ein verzichtbares Familienmitglied sich notdürftig als Einsiedler verkleiden, um dann als tiefsinniger Statist durch das Arrangement zu huschen. Später ging man dann tatsächlich dazu über, eigens Menschen für diese Einsiedlerrolle anzuheuern, sogenannte Schmuck- oder Ziereremiten, formell angestellte hauptberufliche Einsamkeitskünstler. Die Parkbesitzer seien eben vielbeschäftigte CEOs gewesen, die keine Zeit für verzärtelte Schwächlichkeiten hatten und darum einfach beschlossen, die besinnliche Seite ihrer Persönlichkeit outzusourcen, schreibt der britische Historiker Gordon Campbell in seinem Buch zum Thema, »The Hermit in the Garden: From Imperial Rome to Ornamental Gnome«.

Als extra ausstaffierter Kauz mit sorgfältig ziselierter Zerzausung, den man beim Herumspazieren zufällig trifft, sollten diese Schmuckeremiten den englischen Großgarten wie ein begehbares Landschaftsgemälde bevölkern. Eine entsprechende Stellenanzeige ist überliefert, die der Landadelige Charles Hamilton für sein Anwesen Painshill Park aufgegeben haben soll, ein mit allen zeitgenössischen Hype-Elementen und verspielten Must-Haves ausgestatteter Landschaftsgarten: Natürlich gab es eine Grotte, Serpentinenwege, neugotische und chinesische Architektur und eben ein Baumhaus, das als Eremitage hergerichtet war. Als Schmuckeremit würde man 700 Pfund dafür bekommen, versprach die Annonce, sieben Jahre in diesem Baumhaus auszuhalten, ausgerüstet mit Bibel, Brille, Fußmatte, einem Strohsack als Kissen und einem Stundenglas als Zeitmesser. Trinkwasser und Nahrung würden bereitgestellt. Der Einsiedler-Darsteller musste ein wollenes Gewand tragen und durfte sich unter keinen Umständen die Haare, den Bart oder die Nägel schneiden, nicht jenseits der Grenzen von Mr. Hamiltons Besitz herumstreunen und nicht ein einziges Wort mit irgendjemandem wechseln.

Das sind relativ harsche Bedingungen, es gab auch deutlich kommodere Ziereremiten-Engagements mit eigenem Bad und Zimmerorgel, trotzdem fand Hamilton schnell einen Interessenten für den Zotteljob. Angeblich musste der Angestellte aber schon nach drei Wochen wieder entlassen werden, weil er beim Biertrinken im örtlichen Pub erwischt wurde. Er hätte sich ein Beispiel an seiner deutlich ambitionierteren Kollegin Celestina Collins nehmen sollen: Sie ließ, um das pittoreske Bild überzuerfüllen, 30 Hühner mit in ihrem Bett schlafen und besaß eine zahme Ratte. Doch der Beruf des Schmuckeremiten war ohnehin nur von begrenzter Halbwertszeit: Schon im frühen 19. Jahrhundert übernahmen mechanische Puppen ihren Platz, ein frühes Beispiel für die gefürchtete menschliche Wegrationalisierung durch die Roboterkonkurrenz. Im Landschaftsgarten Hawkstone Park etwa saß eine solche Puppe in einer Einsiedelei an einem Tisch, auf dem die unverzichtbaren Eremiten-Accessoires Stundenglas, Schädel und Brille lagen, und wurde für Besucher von einem Angestellten bedient, der zu ihren Mundbewegungen sprach.

Einsiedlerforscher Gordon Campbell glaubt, dass die Erfindung der Schmuckeremiten vom Bild der antiken Druiden inspiriert war, das man sich im 18. Jahrhundert so machte. Aus einer Fusion dieser beiden Figuren soll schließlich der Gartenzwerg entstanden sein. Das klingt gewagt, doch es gibt Indizien: Viele der angeheuerten Eremiten mussten sich als *part of the job* einen langen Bart wachsen lassen oder zumindest eine Attrappe ankleben, und wie die Druiden trugen auch die Klischee-Einsiedler eine phrygische Mütze, ziemlich nah an den späteren Zipfel-Kopfbedeckungen der Schlümpfe oder der Gartenzwerge.

Auch wenn Schmuckeremiten aus heutiger Sicht natürlich wie klamotteske Ulkfiguren erscheinen, waren sie damals respektierte Figuren im Ideenspiel, welches Leben man *auch* führen könnte, zumindest theoretisch oder träumerisch. Bewusst einsame Menschen waren keine sozialen

Versager, ihr Lebensstil wurde eher als Leistung angesehen. Ähnlich dem »edlen Wilden« dienten sie als Projektionsfläche für jene fest im wirtschaftlichen und gesellschaftlichen Leben angeschnallten Menschen, sie waren Alternativwesen, unverdorben durch Sozialzwänge und -kompromisse.

Ich habe auch einen Schmuckeremiten, auch wenn ich ihn mir aktuell mit 580 000 Menschen (Tendenz zügig steigend) teile. Kilian Heinrich, Anfang zwanzig, stellt als »Tanzverbot« sein einsames Leben auf Youtube aus. Auf einer Plattform, auf der die meisten ihren lustigen, verkumpelten Bilderbuchalltag zeigen, auf der Youtuber Cliquencluster bilden, dauernd auf irgendwelchen Events im Rudel Cupcakes verspeisen und ständig irgendwer ein Video mit irgendjemand anderem dreht (vielleicht, weil man befreundet ist, womöglich, um gegenseitig die Abonnentenzahlen zu pushen), ist offensives Alleinsein eines der größten Tabus.

Seit er bei seiner Mutter ausgezogen ist, lebt Tanzverbot alleine, Freunde tauchen niemals auf, seine Videos vermitteln den Eindruck, als sei die Kamera sein einziger Ansprechpartner – aus Angst vor Fans oder Feinden, die ihn erkennen könnten, verlässt er seine Wohnung so gut wie nie, lebt von Bringdiensten und Online-Lebensmitteleinkäufen, seit er vom Vermieter aus seiner vorherigen Unterkunft geworfen wurde. Zuschauer hatten seine Adresse herausbekommen, Klingelterror betrieben, Pizza gegen die Hauswand geworfen, ihm am Ende mit falschen Alarm-Anrufen die Polizei nachts in die Wohnung geschickt, bis die Nachbarn genug hatten.

Tanzverbots plastisch-profane Trash-Lebensmittelbestellungen, die er vor der Kamera präsentiert, und seine wutdampfenden »Ansagen« – an andere Youtuber gerichtete Ausraster, wenn ihm etwas an deren Content missfällt, die mangels Kontakt natürlich nie direkt, sondern immer nur in Einbahnstraßen-Kommunikation mit der Kamera passieren – dienen seiner halben Million Abonnenten zur ähnlich wohligen Selbstabgrenzung wie die Eremitenbetrachtung den englischen Adligen. Er trägt dabei oft sogar eine zeitgenössische Variation des Einsiedler-Kapuzenkittels, einen bräunlichen Frottee-Bademantel (längst durch Dittsche, einen anderen großen Schmuckeremiten unserer Zeit, als Isolationsornat etabliert), dazu meist nur eine Unterhose. Auch seine Videos sind eine Teilentblößung, stellvertretend für den Betrachter legt er den schrumpeligen Kern des allzu Menschlichen frei, eine seltene Gegen-Existenz zu den sonstigen Happy-go-lucky-Charakteren der klassischen Youtuber: porenfreie Schminkmädchen, vor dümmlichem Selbstbewusstsein berstende Streichespieler, Schatzi-Paare, die in Vlogs schmatzend von den Pancake-Frühstücksbuffets auf ihren gesponserten Reisen berichten.

Tanzverbot ist der unüberschminkbare Pickel in ihren spraygetannten Gesichtern, er erinnert daran, dass das ungeschmirgelte Leben anders aussieht. Seine Videos sind Flaschenpost aus dem einsamen Leben, mal geht es um die Auswirkungen seines täglichen Fastfood-Mampfes auf den Verdauungstrakt, mal beschreibt er die Beschaffenheit von Würstchen aus dem Glas, manchmal wird der Choleriker mit der Kurzlunte, der so gerne über andere Youtuber rantet, ganz weich und erzählt von den glücklichen Momenten in seinem Leben, etwa vergessene Essenseinkäufe: »Auf einmal mache ich den Schrank auf, und da steht dann Nutella, das war ein sehr schönes Gefühl.«

Einmal musste Tanzverbot vor der Kamera weinen, gerade war ein kurzer Artikel über ihn in der Regionalzeitung erschienen, den irgendwer in seinen Briefkasten gestopft hatte, ergänzt mit der handschriftlichen Notiz »Wir wollen Dich hier nicht«. Da saß er also alleine in seiner neuen Wohnung, die unausrottbar »nach Oma« roch, beleuchtet nur von einer Fahrradleuchte, weil er noch keine Lampen hatte, und zog schniefend die Nase hoch: »So ne Heulwut« sei das, weil die Wohnung, vom Mief mal abgesehen, doch eigentlich besser sei als die alte, »aber so weit weg von den Menschen, die ich liebe«. »Der Junge ist einsam«, analysiert diese Szenen ein anderer Youtuber – er sagt das zu seiner Kamera, nicht zu Kilian, und dann klickt er in seinem Reaktionsvideo noch ein anderes Tanzverbot-Filmchen an, eins, in dem er sein Kuscheltier zeigt, dass ihn seit 10 Jahren begleitet: »Das Mäuschen ist mir wichtig, weil alle Menschen, die mir wichtig sind, es schon berührt haben, und so sind sie immer bei mir, auch wenn ich hier ganz alleine wohne.«

So sehr fällt Tanzverbot aus dem üblichen Youtube-Personalraster, dass immer wieder der Verdacht ausgesprochen wird: Das ist eine Kunstfigur, das muss Inszenierung sein. Klar, das kann sein, auch wenn ich es nicht glaube, und natürlich ist das nebensächlich. Ich liebe die Videos von Tanzverbot, weil sie schmerzlich echt sind (egal, ob sie echt sind): Wie er sich gehen lässt, weil außer seiner halben Million Abonnenten ja ohnehin keiner sieht, wann er seine Haare zum letzten Mal gewaschen hat, wie er seine Wohnung immer mehr unter Pizzakartons vermüllt, wie seine lange nicht geschmierten Sozialscharniere quietschen, wenn er über Nichtigkeiten in Rage gerät. Tanzverbots Auftritte sind Inszenierungen der uninszenierten, prätentionsfreien Einsamkeit, und darum sind sie wahnsinnig wohltuend.

Seit zwei Jahren gibt es Tanzverbot auf Youtube, und weil das, was er ist, so fremd ist – oder zumindest die Tatsache so ungewohnt, dass er dieses Leben nicht gefällig zurechtschminkt –, wurde er am Anfang auch von seinen eigenen Abonnenten offensiv gehasst. Im Laufe der Zeit kehrte sich dieses Verhältnis um, heute überwiegen seine Fans, die Tanzverbot vor allem für seine »realness« bewundern – und damit paradoxerweise seine weitere Karriere gleichzeitig befördern und gefährden: Je größer, positiver und unterstützender seine Community wird, desto un-einsamer wird Tanzverbot, sein Erfolg zerstört gezwungenermaßen seine Grundlage. Ich habe mir trotzdem ein Kapuzenshirt (so viel Eremitengewandanspielung muss sein) aus seiner Merchandise-Kollektion gekauft.

Eine kokettere, kalkulierte Version des modernen Schmuckeremiten ist der Künstler Friedrich Liechtenstein, der sich in einem Interview selbst diese Berufsbezeichnung gab: »Das können Sie googeln. Ein Schmuckeremit bekommt Geld dafür, dass er in einer Eremitage wohnt.« Als professioneller Einsiedler sei er nicht sonderlich vermögend, sein Mäzen, ein Architekt, lasse ihn aber kostenlos in einem luxuriösen Apartment am Berliner Rosa-Luxemburg-Platz wohnen. Eine etwas eigenwillige Interpretation der ursprünglichen, unbehauenen Schmuckeremiten-Unterkunft. Aber Liechtenstein darf sich ja außerdem auch Haare und Fingernägel schneiden – Letztere lackiert er manchmal sogar golden.

Und dann gibt es noch Einsiedler, in deren Leben nichts kokett ist, denen keine Community dabei zuschaut. Die so viel Angst vor der Welt haben, dass sie ihr Zimmer nicht mehr verlassen, manchmal ein Jahr lang, oft fünf oder zehn, mitunter auch länger. In Japan nennt man sie Hikikomori, was wörtlich übersetzt »sich wegschließen« bedeutet. Nach aktuellen Schätzungen leben im Land etwa 500 000 Menschen in diesem selbst gewählten Rückzug, der jeden menschlichen Kontakt, auch innerhalb der Familie, auf ein Minimum reduziert. Vor fünf Jahren hatte die japanische Regierung die Zahl der Hikikomori noch auf 696 000 geschätzt, doch in der neuen Erhebung wurden Betroffene, die älter als 40 Jahre sind, einfach nicht mehr berücksichtigt. Hoffnungslose Fälle, die man besser aus der Statistik tilgt, die immer noch auf ihre inzwischen alten Eltern angewiesen sind und von deren Rente leben.

Mobbing in der Schule oder im Beruf und Verletzungen in Freundschaften oder der Beziehung gehörten zu den Auslösern, die einen Menschen zum Hikikomori machen. Und, schier übermächtig klingt dieser Punkt in den seltenen Erzählungen der Betroffenen: der hohe Erwartungsdruck der Gesellschaft, der sich für sie so brutal anfühlt, dass sie eine selbst verordnete Einzelhaft vorziehen. Der komplette Rückzug ins Ich, in ein dösiges Leben. Hikikomori verbringen ihren Tag oft mit Schlafen. Einige schaffen es, in der Nacht ihr Zimmer zu verlassen, andere verbringen auch diese Zeit in ihrem Kokon, vor dem Computer oder Fernseher, huschen nur kurz vor die Tür, um das auf der Schwelle abgestellte Essen einzusammeln und zurück in die sichere Höhle zu tragen. Nicht selten sind die Fenster mit Decken verhängt, um die Illusion einer eigenen, hermetisch abgeriegelten, sicheren Welt zu perfektionieren.

Natürlich, diese Form der extremen, freiwilligen Abkapselung macht den davon Ausgeschlossenen, den Menschen vor der Tür, Angst. Ob das Alleinsein Last und Gefängnis oder Freiheit und Paradies bedeutet, können aber nur die Abkapsler selbst beantworten, das gilt auch für weniger extreme Formen, für das unmerkliche Wegflutschen, das beiläufige Verlorengehen. Niemand darf sich darüber ein Urteil erlauben, ob ein Leben als Einzelfall bemitleidenswert und ein Zustand sei, den man dringend ändern müsse – außer dem Alleinsamen oder der Alleinsamen selbst.

RÜTZEL PROBIERT ES WENIGSTENS

Mein neues Hobby sind Hobbys.

Man soll doch einfach mal in einen Sportverein gehen oder einen Volkshochschulkurs machen, raten einem Leute gerne, wenn sie merken, dass man viel alleine ist und immer weiter hinter der geselligen Sozialherde hertrottet. Ich habe das bis jetzt als klar zu identifizierenden Gimpelrat gesehen. Wenn jemand ungewollt einsam ist, liegt das wahrscheinlich daran, dass er oder sie Probleme damit hat, Menschen kennenzulernen. Ihm oder ihr dann zu raten, doch einfach loszugehen und, na ja: Menschen kennenzulernen, ist ähnlich zielführend wie einem Ertrinkenden aus einem Liegestuhl am Ufer zuzurufen, er solle doch einfach schwimmen. Hallo, kraul doch! Oft kommt dieser Ratschlag außerdem von denselben grobschrötigen Gesellen, die auch »Lach doch mal« sagen und zu mehr Frischluftzufuhr raten, wenn jemand traurig ist.

Nun kann ich mir für mich selbst keine ruinöse Seelenverfassung vorstellen, die so trostlos wäre, dass ich mich zum Eintritt in einen Tischtennisverein gezwungen sähe.

Als ich aber wieder einmal ein Wochenende ganz alleine zubrachte und angesichts meiner weggeschrumpelten Sozialkontakte etwas sentimental wurde, fand ich dagegen die Idee mit dem Volkshochschulkurs immer attraktiver. Ich besuche ohnehin gerne leicht abseitige Workshops, deren praktischer Nutzen sich erst zu einem späteren Zeitpunkt offenbaren wird. Ein Hühnerdressurkurs mag nicht zum Pflichtprogramm einer humanistischen Bildung gehören. Wenn die Rettung der Menschheit aufgrund komplizierter Umstände aber einmal davon abhängen wird, dass jemand einem gewöhnlichen Legehuhn innerhalb von vier Stunden beibringt, im Kreis um einen Verkehrskegel zu gehen, bitte einfach bei mir durchklingeln.

Ich ging also hauptsächlich zu meinem Volkshochschulkurs, um etwas Neues zu lernen, den Menschenkontakt gäbe es on top wie die kleinen Essiggurkenscheiben auf Käsebrötchen in ranzigen Bahnhofscafés. Angenehm an diesen neuen Bekanntschaften wäre, so stellte ich mir das vor, dass das lästige und belastende Interessen-Memory wegfiele, mit dem man beim Kennenlernen üblicherweise erst umständlich abklopfen muss, welche gemeinsamen Neigungen man möglicherweise teilt, die eine Vertiefung der Verhältnisse überhaupt erstrebenswert erscheinen ließen. Wie beim Memory dreht man nacheinander seine Neigungskärtchen um, all die kleinen Facetten, die einen so ausmachen, und muss hoffen, dass irgendwas zusammenpasst. Meistens schraddelt man dann knapp aneinander vorbei, man selbst mag vielleicht Ikebana, der andere hört gern Ivan Rebroff, oder die neue Bekanntschaft liebt Hochseefischen, während man selbst Hortensien züchtet. Gemeinsamkeiten sind für eine Freundschaft natürlich nicht zwingend notwendig, aber es ist doch schön und wohlig, sich zu einem gewissen Grad im anderen wiederzukennen. Ich glaube nicht an Bestimmung, aber wenn es einen Menschen gäbe, den ich sowohl bei der Jahresversammlung des FC Bayern München als auch der Thomas-Bernhard-Gesellschaft – den beiden einzigen Vereinen, denen ich angehöre – treffen würde, hätte das für mich schon etwas zu bedeuten.

Lernt man jemanden in einem Workshop kennen, kann man den kleinsten gemeinsamen Nenner schon einmal als gesetzt abhaken. Also scrolle ich durch das Online-Programm der Berliner Volkshochschulen und bin gleichzeitig enttäuscht und wohlig angeheimelt: Viel scheint sich im Angebot seit Mitte der neunziger Jahre des letzten Jahrhunderts, als ich in träger Sommerferien-Fadheit das letzte Mal durch solch ein Programm geblättert hatte, nicht getan zu haben, die Specksteinbildhauerei ist offenbar immer noch sofort ausgebucht, moderneres Kunsthandwerk wie Vollbart-Figurenmodellage im Stil ondulierter Preispudel oder Craftbier-Panscherei fehlen völlig. Die Volkshochschule ist eine Trutzburg gegen trendgetriggerte Marotten, das gefällt mir gut, und schnell finde ich einen Kurs, der mir zusagt: »Aufbaukeramik am Vormittag«, das klingt wie eine tröstliche, aufmunternde Angelegenheit für stützungsbedürftige Menschen mit Tagesfreizeit.

An einer weichen Masse herumkneten ist für mich außerdem das, was teegetunkter Keks für den Erzähler in Marcel Prousts »Auf der Suche nach der verlorenen Zeit« ist: Es versetzt mich zurück in mein Leben als Kauzkind. Kneten war damals mein liebstes Hobby, in meinem Elternhaus lagern noch heute (hoffe ich) Kisten voller backofengehärteter Hunde, Pizzas, Tiger, rosaroter Panther und Schnabeltiere, die ich stundenlang alleine vor mich hin modellierte, und obwohl ich wusste, dass es unwahrscheinlich ist, wartete ich dabei doch immer insgeheim darauf, dass eines der kleinen, von mir geformten Tierchen einmal zum Leben erwachen würde, wie der von Gott aus Staubpampe geknetete Adam (ich war ein erstaunlich bibelfestes Kind) oder wenigstens die Knetgummimännchen Friedrich und Friedrich aus meiner Lieblingsserie »Luzie, der Schrecken der Straße«.

Wahrscheinlich ist der Oktopus schuld, dass mich keiner mag. Ich forme ihn in meiner ersten Stunde Aufbaukeramik, ein riesiges, glotzäugiges Ungetüm, so groß wie ein mächtiger Laib Bauernbrot, mit fleischwurstdicken Fangarmen. Vier seiner Gliedmaßen habe ich an den Enden zu kleinen Ringen gelegt, in die ich Kerzen stecken möchte, um ihn als Adventskranz zu verwenden. Ich mag Oktopusse, ich mag die Cthulhu-Geschichten von H. P. Lovecraft, in denen ein

Dunsewesen vorkommt, dessen Gesicht aus einem Gewirr von Tentakeln besteht, und ich wäre erfreut, jemanden kennenzulernen, der diese Interessen teilt und anscheinend auch noch gerne knetet. Im Keramikkurs male ich mir mit meinem Werk direkt ein dickes W für »wunderlich« auf die Stirn. Die anderen, augenscheinlich freundliche, aufgeräumte Menschen, machen Teller und Müslischalen und drücken gesammelte Ahorn- und Lindenblätter hinein, sie sind fest im Schwitzkasten des Hygge-Wahns, alle meine ungelenken Smalltalk-Versuche perlen an ihnen ab.

Es gibt nur einen anderen Kursteilnehmer, den die anderen wahrscheinlich noch komischer finden als mich. Er ist vielleicht 50, trägt eine Prinz-Eisenherz-Frisur und knetet erratische Batzen. Lauter klumpige, doppelfaustgroße Gebilde, die aussehen, als habe man ein Mitglied der Familie Barbapapa mitten im Verwandlungs- und Umformevorgang schockgefrostet. Er unternimmt allerdings keinerlei kommunikative Andockversuche, sondern murmelt nur zu sich selbst, wenn er am Ende nicht zu entziffernde Zeichen in manche Stücke ritzt. Es ergibt sich schon in der zweiten Kursstunde, dass wir nebeneinandersitzen. Die Tellerfrauen sitzen zusammen am anderen Tisch, manchmal hört man sie lachen. Als ich ein Känguru-Gespenst forme, das in einem kleinen Bauchbeutel ein Baby-Gespenst mit sich führt und dessen hohlen Körper man mit einem Teelicht beleuchten kann, ist der Eisenherz-Mann der Einzige, der mich dafür lobt.

Das vormittägliche Kneten macht mir Spaß und es entspannt mich, aber Bekanntschaften finde ich hier nicht. Vielleicht muss ich ein soziales Sieb mit kleineren Löchern wählen, denke ich, vielleicht einen neuen Kurs besuchen, dessen Zielgruppe deutlich enger gefasst ist, damit einen das seltene gemeinsame Interesse ganz automatisch näher zusammentreibt. Ich entdecke die »Art Nights«, einzelne Mal-Abende, an denen man in drei Stunden gemeinsam mit anderen Menschen ein Kunstwerk nachmalt, die ideale Atmosphäre, um neue Freunde zu finden, steht auf der Webseite, und das Internet lügt niemals. Es gibt Abende, an denen man Klimts »Kuss« nachmalt, an anderen die Skyline von Berlin. Frida-Kahlo-Porträts scheinen die Speckstein-Hauerei der Hobbykunstwelt zu sein, diese Abende sind schon allesamt ausgebucht. Ich finde einen Kurs, der wie für mich ausgeschrieben scheint: Beim David-Bowie-Porträt-Malworkshop werden sich sicher ausschließlich Menschen einfinden, die ihn – wie ich – heiß lieben. Das wäre ein Anfang.

Im Hinterzimmer der Kneipe, in dem 12 kleine Staffeleien stehen, riecht es nach altem, leicht angemocktem Kaffee. Was daran liegt, das vor jedem von uns ein Glas mit altem, leicht angemocktem Kaffee steht. Damit, erklärt die Kursleiterin, sollen wir nun Bowies Gesichtszüge auf die Leinwand modellieren, anscheinend ist Kaffeemalerei gerade modern, auf jeden Fall ist sie umständlich und nervig,

dauernd rinnen mir die gerade gepinselten Wangenkno-
chen wieder davon. »Der David Bowie ist ja anscheinend
schon gestorben«, sagt die Frau rechts neben mir. Das Pärchen links neben mir hält mit der freien Nicht-Pinsel-Hand
Händchen quer über den Tisch. Sie sind ein Turtelpaar, das
auch für in jahrzehntelangen Stoizismus-Bädern ledrig und
unverwundbar gesottene Menschen schwer zu ertragen
wäre, er hat ihr den Abend als Überraschung geschenkt,
sie freut sich, ist aber ein bisschen enttäuscht, dass sie nun
Bowie malen muss, viel lieber würde sie ihren Freund malen, überhaupt, Bowie: »Was ist denn ein bekanntes Lied
von dem?« Der Abend ist gelaufen. Immerhin rückt die
Kursleiterin nach der Kaffee-Schikane doch irgendwann
noch echte Farben heraus. Ich male meinem Bowie blauen
Lidschatten und trinke sehr viel Wein, eingequetscht in ein
Sandwich menschlicher Grausligkeit.

Als dann alle anfangen, ihren Bowie-Gesichtern regen-
bogenfarbige Loderhaare zu machen, male ich meinem
entgegen der Anweisungen der Lehrerin den roten Haar-
helm vom Aladdin-Sane-Cover, diese egozentrische Aus-
schererei wird nicht gern gesehen, aber dafür sieht mein
Bild am Ende auch tatsächlich aus wie Bowie, während die
anderen versehentlich den sogenannten Paradiesvogel Oli-
via Jones gemalt haben. Am Ende gibt es ein Gruppenfoto,
aber man sagt sich nicht mal richtig tschüs, bevor alle mit
ihren Leinwänden nach Hause gehen. Kunst macht man
alleine, auch wenn man beieinanderhockt, denke ich mir,

als ich in der U-Bahn sitze. Nicht umsonst glauben viele Menschen immer noch religiös an den *solitary genius*, der alleine im Stübchen Meisterwerke schafft. Ich singe im Kopf das Lied »Genie bei der Arbeit« der sehr guten Einsamkeitsvertonungsband Die Heiterkeit, meine Lieblingsstelle sind die egoverklärenden Zeilen »Gott dieser Kammer/ Jesus dieses Lochs«, die sehr gut den wunderbaren Grandezza-Rausch beschreiben, in den man als einsam Schaffender geraten kann, wenn man Glück hat. Was war es doch für eine ausgemachte Schnapsidee gewesen, meine malerischen Allmachtsphantasien in der Gruppe ausleben zu wollen, denke ich mir, summend.

Und buche zu Hause einen neuen Kurs, bei dem Gemeinschaft kein Zufallsprodukt, sondern ein integraler Bestandteil ist: einen Survival-Workshop, bei dem man sich auf das Leben nach der Zombieapokalypse oder anderer misslicher Zwischenfälle vorbereitet, eine Ausnahmesituation, in der man besser dran ist, wenn man sich einer Gruppe anschließt. Lernt man ja schon in den billigsten Horrorfilmen: Als Erste sterben immer jene bedauernswerten Trottel, die die Gruppe mit den Worten »Ich geh mal schnell nachschauen, wo dieses komische Geräusch herkommt« verlassen. Wer alleine ist, geht drauf.

Langsam glaube ich doch, es liegt an mir: Auch im Prepper-Kurs, in dem ich die wichtigsten Vorbereitungsmaßnahmen auf die Postapokalypse lernen will, bin ich bei den anderen schon nach zehn Minuten unten durch. Dieses Mal, weil ich es ausschließe, im Notfall meinen Hund aufzuessen, das finden die anderen unsympathisch: »Der Hund ist Nahrung.« Vielleicht sind die anderen auch misstrauisch, weil ich als Einzige alleine zum Kursabend gekommen bin. Ich wanze mich an zwei Männer ran, die bei der Vorstellungsrunde erklärt hatten, sie erhofften sich von diesem Abend vor allem, mehr über Munition zu erfahren, und frage sie, wann aus ihrer Sicht der strategisch beste Zeitpunkt wäre, um den Nachbarschafts-Supermarkt zu plündern. Sie sehen mich mitleidslos an. »Nach zwei Wochen liegen die Straßen eh voller Leichen, davon kannst du ausgehen«, sagt der eine, und dann ist dieses schöne Gespräch auch schon wieder beendet.

Immerhin lerne ich allerhand nützliche Dinge: wie man seine Wohnung am besten verbarrikadiert und welche Nahrung man am besten in größeren Chargen einlagern sollte. Die anderen lachen mich aus, weil ich »Nudeln« sage, aber der Kursleiter ist patent: »Erste Regel: Es muss schmecken«, denn man hat ja sonst schon jede Menge anderer Probleme, wenn das Weltenende naht, da will man sich die Laune nicht noch unnötig durch Bäh-Essen verderben. Allerdings empfehle er mir dringend, Micropur-Tabletten zur Wasserreinung zu kaufen, bevor ich meine Notnudeln auf meinem kleinen Emergency-Gaskocher zubereite. »Hammwer«, klatschen sich die beiden Munitions-Männer ab und erzählen von ihrem unterkellerten Nahrungslager. Sie sehen nicht so aus, als wollten sie teilen, solange ich mich weigere, meinen Hund anzunagen.

Ich schaue zur anderen Seite. Ein Paar, extra aus Köln angereist, sie haben einen gemeinsamen Block, auf dem sie mit einem gemeinsamen Bleistift gemeinsame Notizen machen. Ich frage mich, ob sie auch ein gemeinsames E-Mail-Konto haben, wie erschreckend viele meiner ehemaligen Klassenkameradinnen. Ich war auf einer reinen Mädchenschule, deswegen dachte ich an Spam, als mich vor ein paar Jahren ein männlicher Mail-Absender mit fremdem Namen zum Klassentreffen einlud. Wie sich später herausstellte, war das dann aber der Ehemann einer damaligen Mitschülerin, sie teilten sich sein Konto.

Im Survival-Kurs bin ich eindeutig die Dümmste. Ich schreibe eifrig mit, die anderen nicken nur wie Wackeldackel, wissen-wa-schon, hamm-wa-schon-längst. Grablichter halten am längsten, Teelichter kann man vergessen, ohne Seil geht man nicht aus dem Haus. Wenn man vergessen hat, für Notzeiten ohne Wasser ein Campingklo zu besorgen, kann man sich für einen Monat auch mit einem Katzenklo mit Katzenstreu behelfen, außer Schnaps und Zigaretten sind auch Honig und Gold gute Tauschmittel, die besten Alarmanlagen, die ohne Strom funktionieren, sind Gänse und Schwäne, und zur Selbstverteidigung nimmt man besser keine Axt oder Machete, weil die doch eher schwierig zu handhaben sind, besser wären Armbrust und Katapult, notfalls ein Besenstiel.

Dann kommen wir zu dem Punkt, der mich am meisten interessiert: die menschliche Zusammenrottung im Krisenfall. Normalerweise verhalten sich Menschen ja wie Stachelschweine, wie es Arthur Schopenhauer in einer schönen Parabel erzählt: Wenn es kalt wird, rücken die Stachelschweine in ihrem Rudel enger zusammen. Doch je näher sie aneinanderrücken, desto stärker piegsen die Stacheln der Nachbarn. Also rücken sie wieder auseinander, frieren wieder, rücken zusammen, piegsen sich, rücken auseinander, und immer so weiter – so lange, bis sie die erträglichste Nähe zueinander gefunden haben. Wenn es um sie richtig eisig wird, nehmen Stachelschweine und Menschen wahrscheinlich ein paar mehr Piegser in Kauf als sonst, wenn die Umstände so richtig ungemütlich werden, rottet man sich eben zusammen. Alleine in der Krise, das macht mir der Kursleiter schnell klar, habe ich keine Chance. Oder, in seinen Worten: »Ein einsamer Wolf mit Schrotflinte überlebt nur so lange, bis er schlafen muss.«

Der Mensch sei nun mal ein Herdentier, das habe sich evolutionär gesehen sehr gut bewährt, erklärt mir mein Sitznachbar: »Und Tiere wissen auch, dass sie im Rudel stärker sind.« Das ist nun sachlich wirklich nicht richtig. Auch bei den Tieren gibt es schwankende Grade der Anhänglichkeit, man muss da nur mal Ameisen mit Hamstern (oder Ameisenbären) vergleichen. Gorillas, dem Menschen eher nahe Tiere, schlafen alleine, in individuellen Nestern.

Ich will keinen Streit und sage nur »Klar, Einsamkeit ist

antisozial«. Warum aber geht alle Welt davon aus, dass sozial, also gesellig sein, per se gut, und antisozial, also gerne alleine sein, per se eine schlechte Sache sei? Wer hat das je so festgelegt, und mit welcher Berechtigung? Klar, ich sehe ein, dass in Krisenzeiten das Aufgehobensein in einer Gruppe ziemlich praktisch erscheint. Und es muss ja nicht einmal etwas Schlimmes passieren, es reicht ja schon, auf dem Land zu leben.

Als ich einmal längere Zeit bei meinen Eltern in meinem Heimatdorf verbrachte, erfuhr ich von einer schwerstelitären Brotliste: Ein pensionierter Wandersfreund meines Vaters backt etwa alle sechs Wochen 50 runde, krustige Landbrote in seinem Holzbackofen, hobbymäßig, die er dann verkauft. Wer eines dieser Brote bekommen will, muss sich gut mit ihm stellen, nur freundlich fragen reicht nicht. Um einen Platz auf seine Brotberechtigungsliste zu bekommen, muss immer erst einer der 50 Laibbezieher wegsterben, dann bekommt man, wenn man Glück hat, eines Tages einen Anruf vom Brotlistenmann. Man Vater ging schon jahrelang einmal in der Woche mit ihm wandern, bis er sein erstes Brot bekam. Ich habe es selbst gegessen, es ist das beste Brot der Welt. Und wäre für mich alleine wahrscheinlich unerreichbar, dachte ich beim Kauen, denn Käuze ohne Gruppenanschluss füttert man nicht, wenn die Socialisingkünstler Schlange stehen.

Auf der anderen Seite dürfe man sich aber nicht zu leutselig geben, sich nicht zu schnell mit anderen verbünden, lerne ich im Kurs. Lieber schauen, dass die anderen nicht mitbekommen, wie gut ich vorbereitet bin, damit sie mir nichts wegnehmen. »Wie verhalten wir uns, wenn sich uns in Krisensituationen Fremdpersonen anschließen wollen?«, fragt der Kursleiter, alle diskutieren, was da moralisch vertretbar wäre, aber ich höre irgendwann nicht mehr zu, weil mir plötzlich klar wird: Ich wäre die Fremdperson. Die anderen gehen ganz automatisch davon aus, eine Gruppe zu haben, die ihnen beim Überleben hilft. »Wie kommt man denn zu einer Gruppe?«, frage ich. Selbst eine gründen oder sich einer anschließen, bekomme ich zur Antwort, sich am besten mit Freunden zusammenschließen, die man gerade sowieso schon hat. Ich denke nach. Als aktuell aktive soziale Kontakte und mögliche Mitglieder meiner Katastrophengruppe fallen mir nur meine Gassifreundin Pamela, Anfang 60, und meine Lieblingsnachbarin Gerda, Ende 70, ein, die wahrscheinlich mitmachen würden. Immerhin hätten wir dann mit Pamelas Haustier gleich zwei Hunde, die wir im Notfall nicht essen würden.

Obwohl ich nicht ganz sicher bin, was die Krisentauglichkeit meiner potentiellen Überlebensgruppe angeht, passe ich gut auf, als es um Gruppenführung geht. Aus psychologischen Gründen sei es wichtig, sich einen Gruppennamen, eine gemeinsame Vision und eine Hymne auszudenken, im Notfall könne man schnelle Bindung über körperliche Nähe aufbauen, den anderen auch mal umarmen, damit alle wissen, wo sie hingehören, aber gleichzeitig wachsam bleiben: »Menschen sind wie Orangen, wenn man draufdrückt, sieht man, was drin ist«, sagt einer der Munitionsmänner. Der Kursleiter erzählt von der Gruppe, die er mit seinen Survival-Kumpels von den anderen Kursen gegründet hat: »Wir haben alle relevanten Fähigkeiten abgedeckt, von A wie Arzt bis Z wie Zimmermann.« Ich ahne, dass man sich wohl irgendwie qualifizieren muss, um dabei sein zu dürfen. Ich frage nicht, ob sie noch jemanden brauchen, der Tintenfische töpfern oder mit altem Kaffee gar nicht mal so schlechte Porträts der Gruppenmitglieder malen kann.

»Macht euch einen eigenen Krisenplan, identifiziert eure Schwächen und sagt euch: Diese wichtige Fähigkeiten möchte ich lernen in nächster Zeit!«, sagt der Kursleiter zum Abschied. Ich sage nicht, dass ich für den nächsten Tag einen Jodelkurs gebucht habe.

Es ist mein letzter Versuch, in einem Kurs menschlichen Anschluss zu finden. Jodeln, das weiß ich von zahlreichen Garmisch-Partenkirchen-Zwangsurlauben als Kind und Jugendliche, klingt am besten, wenn man es mehrstimmig praktiziert. Und wahrscheinlich wurde es ja ohnehin erfunden, um in gebirgigen und unwegsamen Regionen mit Rufen weite Distanzen zu überbrücken, damit sich Hirten, Almdudler und Waldarbeiter verständigen konnten. Johodi-johuda ist nur sinnvoll, wenn es auch jemand hört. Was nützt das Jodeln in Gedanken?

Der Kurs, in dem ich knapp noch einen Platz bekam, hat noch nicht angefangen, da gibt es schon mehrere Probleme. Erstens: Ich bin sehr, also wirklich SEHR unmusikalisch, obwohl ich mir gerne das Gegenteil einbilde. Vor bald zwanzig Jahren hatte ich versucht, mir selbst Melodica beizubringen, mein letzter Versuch, ein Instrument zu erlernen. Im Überschwang rief ich gerne nachts bei Freund Fred an und quäkte ihm meine schludrig einstudierten Charthits vor: Viel Britney Spears, manchmal »Großer Bruder« von Zlatko und Jürgen, alles durchzogen von desaströsen »The Real Slim Shady«-Versuchen. Ein heilloses Getröte.

Mein zweites Problem: Ich habe einen ausgestopften Rochen dabei. Das war keine Absicht, aber ich kam auf dem Weg zum Kursraum an einem Schaufenster vorbei, in dem zahlreiche wunderschöne Tierpräparate standen, und konnte nicht widerstehen. Mit dem Besitzer des Ladens, der vollgestopft war mit Biounterrichtsmaterialien und ausgestopften Tieren aus diversen zu verhökernden Nachlässen, hielt ich schönen Smalltalk über neue Präparationstechniken und die Preisentwicklung bei ausgestopften Labormäusen, eigentlich wäre ich lieber bei ihm geblieben, aber ich musste ja weiter. Es klirrt leise in der Plastiktüte, als ich den in einem Glasrahmen eingefassten Rochen im Jodelkursraum an die Wand lehne. Wenn jemand in die Tüte schaut und ihn entdeckt, kann ich das mit dem sozialen Anschluss direkt vergessen und gleich noch einen neuen Oktopus kneten.

Vor dem Jodeln wärmen wir uns auf, wir stellen uns in einem großen Kreis auf, ungefähr 20 Teilnehmer, Frauen und Männer, und machen mit heraushängenden Zungen und rollenden Augen, leicht auf und ab hüpfend, weisungsgemäß die dümmsten Gesichter, die man sich vorstellen kann. Dann befiehlt uns die steirische Kursleiterin, so zu tun, als würden wir mit der Stirn einen gewaltigen Käseschmelzkessel auswischen, um die Nackenmuskulatur zu lockern. Eine Übung, bei der jeder ausgesprochen dämlich aussieht. Und die bei mir tatsächlich die letzten wackligen Selbstschutzmauern, zusammengehalten mit porösem Ironie-Kitt, mit einem heftigen Wumms zerdeppert, als sei Miley Cyrus auf ihrem Wrecking Ball dagegengeknallt.

Dann wird gejodelt. Zu erklären, an welcher Stelle im Kopf ein bestimmter Laut gebildet werden soll, ist ungefähr so unmöglich wie beim Frisör erfolgreich zu beschreiben, wie die neue Frisur aussehen soll. Irgendwie gelingt es mir doch gar nicht schlecht, ich bin gar nicht nervös, als wir reihum ein einfaches »Halloooo-uuh-oooh-uuuh-ooh« vorjodeln müssen. Die Kursleiterin hat den Verdacht, dass ich Einatmer bin, ich kann ihren Erläuterungen dazu nicht folgen, muss aber ab jetzt im Gegensatz zu den Ausatmern, dem Rest der Gruppe, eine spezielle Körperhaltung einnehmen, die meinen Brustkorb maximal öffnet. Also jodele ich jetzt mit weit ausgebreiteten Armen, ungefähr wie Jesus am Kreuz.

Nach den Einzelübungen jodeln wir schon bald dreistimmig, es geht straff voran im Programm, und ich komme kaum mit. Ein Terzett ist ein schönes Bild, denke ich mir: Man jodelt zusammen, aber jeder bleibt auf seiner Spur, es ist kein Dudeljö-Brei, sondern ein fester Dreiklang, das gefällt mir gut und rührt mich ein wenig. Gemeinsam eigen sein. Leider bin ich ein bisschen gehemmt, ordentlich loszuschmettern, weil ich damit überfordert bin, mir den Text zu merken. Erst Ja-la-u-du-jo-lo oder erst u-du-du-du-di-a-la-u-du-a-du-du-a? Vier Kursteilnehmer haben angesichts meiner verzweifelten Nachfragen bereits den allfälligen Loriot-Jodeldiplomwitz gemacht, meine vor dem Kurs noch hastig weggesperrte Misanthropie rüttelt zunehmend zornig an ihren Ketten, aber ich kann entweder den Text behalten oder meine eigene Melodielinie, ohne in die der anderen beiden Terzett-Teilnehmerinnen zu kippen. Wenn ich beides gleichzeitig darbieten soll, fühle ich mich wie eine dieser osteuropäischen Tanzkapellen, bei denen keiner Englisch kann und die die entsprechenden internationalen Gassenhauer dann wie talentierte Sittiche einfach so ungefähr lautmäßig nachahmen. »Brasser Louie Louie Louie, oh schiwwe-man-tu-ih.«

Das Jodeln macht mir Spaß, aber es strengt mich auch an, weil ich merke, dass ich die anderen anstrenge. Meine Disclaimer bei der Vorstellungsrunde, ich würde mit meiner Unmusikalität sicher den ganzen Kurs torpedieren, hatten sie wohl für Koketterie gehalten. Jetzt, da ich in erbärmlicher Schiefjodellage und begriffsstutziger Nachfragerei den Beweis angetreten habe, sind die geübten Chorsänger und Bandbesitzerinnen zwar immer noch sehr freundlich zu mir, aber auch ein bisschen genervt. Den abschließenden Pygmäen-Jodler mache ich im Playback und muss die ganze Zeit darüber nachdenken, wofür das eine Metapher ist. Die eigene Stimme runterpegeln, damit es in der Gemeinschaft nicht scheppert.

Am Ende verabschieden sich alle freundlich voneinander, aber man zerstreut sich schon auf dem eigentlich gemeinsamen Weg zur U-Bahn. Trotz meines Mindertalents hörte sich der Dreiklang schön an, aber seine Gemeinschaftsharmonie war eben doch zeitlich begrenzt haltbar. Mein letzter Versuch, mit einem Jodelkurs neuen Anschluss zu finden, macht mich in piesackender Ironie noch ein bisschen einsamer: Mein Kehlkopf tut so weh, dass ich drei Tage lang mit niemandem sprechen kann.

FINGER WEG
VON MEINER KAUZIGKEIT!

Ich war beleidigt.

Ich hatte nicht ernsthaft vorgehabt, mir in meinen vier Kursen wirklich neue Freunde zu suchen, denn mittlerweile hatte ich mich mit meinem Alleinsein, abgesehen von gelegentlichen Trübsinnstagen, wirklich gut angefreundet. Aber es kränkte mich doch, dass dort niemand von sich aus mit mir befreundet sein wollte, und was als lustiger Versuch gedacht war, machte mir ein paar Tage lang Grübellaune: Wann wollte überhaupt das letzte Mal jemand mit mir befreundet sein?

Ich dachte, das soziale Wieder-Andocken würde mir leichter fallen, ich kam mir jetzt vor wie ein süchtelnder Raucher, der nicht plant, mit den Zigaretten aufzuhören, sich aber fest einredet, dass er die Qualmerei von einem Tag auf den nächsten sein lassen könnte, wenn er es nur wirklich wollte (glücklicherweise habe ich nie wirklich geraucht, von der gelegentlichen Suffzigarette abgesehen – um ein echter, regelmäßiger Raucher zu sein, war ich tatsächlich immer zu faul). Menschliche Gesellschaft funktioniert nicht mit *plug and play*, das war mir rational schon klar, doch ego-emotional hatte ich offenbar meine soziale Strahlkraft etwas überschätzt.

Andererseits hatte ich mir nie wirklich Gedanken darüber gemacht, wie man Menschen kennenlernen könnte, bisher hatte sich ja immer alles ganz mühelos ergeben. Ich begann, meine in den letzten Jahren zwar angestaubten, aber formal immer noch existenten Freundschaften zu katalogisieren, und stellte fest: Da war wirklich lange niemand Neues mehr dazugekommen, fast erinnerte mich meine Kumpanenkollektion an einen eklatant überalterten Briefmarkensammlerverein mit akuten Nachwuchssorgen.

Meine ältesten beiden Freunde stammten noch aus meiner Studienzeit in Tübingen, damals ging das Ankumpeln noch fast völlig ohne eigenes Zutun vonstatten: Frank wurde mir vom Studentenwerk für meine Wohnheim-WG zugeteilt, und wir hatten uns schnell und nachhaltig durch gemeinsame Trinkinteressen und unsere geteilte Liebe für das Buch »Faserland« von Christian Kracht (und für Barbourjacken) angefreundet. Fred lernte ich kennen, als ich im Rahmen meiner Hilfskraft-Tätigkeit als sogenannte Freizeit-Tutorin meines Wohnheims in der Musikabteilung eines Drogeriemarktes neue CDs kaufte, die ich beim nächsten großen Fest in der Wohnheimskneipe »Kellerassel« auflegen wollte – ich hatte gerade eine frühe Ausgabe der Schlumpfentechno-Reihe in der Hand, bei der Hits wie

»Cotton Eye Joe« in schlumpfenadäquate Kontexte umge-
dichtet und mit den charakteristischen Quäkstimmen in-
terpretiert wurden, und Fred empfahl mir softdiplomatisch
ein paar andere CDs, die eventuell *noch* besser bei meinem
Publikum ankommen würden (auch wenn ich das stark
anzweifelte und es mir im Grunde egal war, ich führte mein
Freizeittutorenamt als eiserne Geschmacksdiktatur, und es
kümmerte mich wenig, wenn zu meinen extralangen Kin-
ski-Filmnächten in besagter Wohnheimskneipe nur zwei
verhuschte Erasmusstudenten kamen, mit denen sonst nie
jemand sprach).

Lydia und Edgar blieben mir bis heute aus meinen frühen Berufsjahren – wir gingen damals oft zusammen in
grauenvolle Theaterstücke, aus denen wir auch nach bald
20 Jahren immer noch zitieren, das Leiden an den Frechheiten der Kulturbranche hat uns untrennbar zusammen-
geschweißt. Der verfranste Rest rekrutiert sich fast vollständig aus dem näheren und weiteren Umfeld eines Freundes,
den ich vor ungefähr 15 Jahren im Internet kennenlernte,
weil ich ihn fragte, wo er denn das »Free Pete Doherty«-T-
Shirt gekauft hätte, das er auf seinem Profilbild trug.

Früher, oder besser gesagt: jünger, hatte es nicht viel ge-
braucht, um Fremde in Freunde umzuwandeln, eine kleine,
möglichst spezielle Gemeinsamkeit genügte, um sich verbunden zu fühlen. Im Lauf der Jahre, Job- und Ortswechsel
haben sich die meisten dieser Freundschaften verändert, re-
lativiert, auch ausgedünnt, meine Ansprüche an potentielle

neue Freunde wuchsen, und parallel wuchs, vielleicht auch wucherte, meine eigene Kauzigkeit. Ging ich radikal-excel-tabellenmäßig an meine Sozialstatistik heran, hatte ich in den letzten drei Jahren eigentlich nur zwei Freunde dazugewonnen (und reichlich neue, auch flitterig-fancy Bekannte, das ja, aber um die geht es hier nicht).

Per default gehe ich selbstverständlich immer erst einmal davon aus, dass das an den anderen liegen muss und nicht an mir – dass all die anderen Menschen einfach erstens zu langweilig, schlicht-sinnig oder sonstwie mangelhaft seien, als dass ich sie als Freundespotential erkennen würde, und dass sie zweitens obendrein, weil ja schlicht-sinnig und langweilig, zusätzlich unfähig wären zu erkennen, was für eine großartige Freundin ich abgeben würde.

Nach den niederschmetternden Resultaten meines Jodel- und Töpfersocialisings beschloss ich trotzdem, ausnahmsweise einmal nachzuschauen, was die Experten zum Thema Freundschaftsanbahnung raten. Das kostete mich Überwindung, denn ich hasse das populäre Ratgeberwesen. Jahrelang war es mein ritualisierter *pet peeve*, mein liebster Trigger für kleine Wutanfälle, die wöchentliche Ratgeberseite einer bestimmten Tageszeitung zu lesen und mich über das brüllende Simpelwesen der mit fast schon an Unverschämtheit grenzenden Ernsthaftigkeit abgegebenen Lebenshilfe-Tipps zu echauffieren. Mal erfuhr man auf dieser Seite, wie man eine perfekte Gastgeberin wird

(»Nüsse stets geknackt servieren!«), ein andermal, wie man sich selbst bei kleineren depressiven Schüben blitzheilen kann (»Fenster öffnen, tief einatmen und dabei lächeln!«), und immer dachte ich, was ich mir meistens denke, wenn in irgendwelchen Artikeln oder Fernsehsendungen Experten befragt werden: Wenn es wirklich so einfach wäre, wie ihr behauptet, müsste man wohl kaum noch euch zu Rate ziehen.

Ich verbrachte fünf Minuten in der Einsamkeitssektion im Ratgebereck einer Buchhandlung und war direkt stinksauer. Es gab hier nur Bücher, die sich alle ausnahmslos die Ausrottung der Einsamkeit zur Aufgabe gemacht hatten. Ich fühlte mich wie ein Geisterfahrer auf einer fünfspurigen Meinungsautobahn: Warum gab es nicht ein einziges Buch, das seinen Leserinnen und Lesern helfen wollte, das Alleinsein mit einem neuen, positiven und konstruktiven Blick zu sehen? Warum gab es nicht »Das Newton-Prinzip«, in dem erklärt wurde, wie man seine Einsamkeit nach dem Vorbild des großen Physikers sinnvoll dafür nutzen kann, die Schwerkraft und andere interessante Dinge zu entdecken? Warum nicht »Gegen den Strich – das große Freizeitwerkbuch«, in dem einem inspiriert von Jean Floressas Des Esseintes, dem Protagonisten von Joris-Karl Huysmans Roman »Gegen den Strich«, 1000 interessante neue Hobbys vorgeschlagen werden – er erfand in der Abgeschiedenheit zum Beispiel eine »Likörorgel«, auf der er völlig neue Mischungen wie Pfefferminzschnaps mit Rum und Absinth komponierte, oder sammelte Pflanzen, die aussahen, als seien sie von schweren Krankheiten befallen, endlose Inspiration! Aber nein, es gab nicht mal »Reich und Allein – das Dagobert-Duck-Prinzip«, das erklären würde, wie man die Zeit, die andere Erpel in sinnlose Balz stecken, dazu nutzen kann, den eigenen Wohlstand zu mehren, so dass man sich seine Einsamkeit alsbald mit regelmäßigen erfrischenden Talerbädern aufheitern könne.

Gab es alles nicht. Aber gut, dann würde ich also ein paar Ausrottungsratgeber studieren.

Für den Anfang versuche ich es erst einmal mit einem Ratgeber-Häppchen: »Der Einsamkeit entkommen in nur 3 Schritten« von Maria Zangl hat nur 70 extremst weißräumig bedruckte Seiten, das sollte ich aushalten. Ich überblättere die Kapitelchen zu Ursachen und Phasen der Einsamkeit und fange direkt bei den praktischen Übungen an. Der erste der im Buchtitel angekündigten Schritte regt mich direkt wahnsinnig auf: Ich soll lächeln. Das heißt, zuerst soll ich mich vor den Spiegel stellen und eine ganze Reihe analytischer Fragen stellen, um mein Erscheinungsbild zu checken: »Bist du ein echter Hingucker oder eher eine graue Maus?«, zum Beispiel. Waren meine Lippen zusammengekniffen, meine Stirn faltenzerklüftet, meine Mundwinkel hängend? Und dann werde ich also dazu angehalten zu lächeln, weil das den anderen Menschen signalisiere, dass ich aufgeschlossen und kontaktfreudig sei und mich selbst in meiner Haut wohl fühle: »Du magst dich, also werden dich auch die anderen mögen.« Na ja, das erschien mir doch etwas kurz gesprungen. In meinem Diktatoren-Quartett, das ich mal zu Weihnachten bekam, finden sich reichlich grässliche Personen, die sich selbst absolut super fanden, von ihrem Volk aber absolut nicht geliebt wurden.

»Lächle doch mal« ist für mich außerdem eine der dümmlichsten Übergriffigkeiten, die sich (interessanterweise in meiner Erfahrung ausschließlich) Männer in der U-Bahn, beim Warten an der Burrito-Bude oder einfach nur im Vorbeigehen auf der Straße so erlauben. »Lächle doch mal«, höre ich gelegentlich, obwohl mein Resting Bitch Face – die von Natur aus leicht ins Verdrießliche spielende Miene bei völlig entspannten Gesichtszügen, die manchen Menschen eben angeboren ist – nicht einmal sonderlich stark ausgeprägt ist. Ich habe auch einen Namen für die Motivation dahinter, fremden Frauen eine freundlichere Mimik anordnen zu wollen: Labradorisierung. Labradore, und zwar besonders die am häufigsten vertretenen blonden Exemplare, sind die Hunde mit den freundlichsten Gesichtern: Es sind die, die immer lachen, unter langen Wimpern ein bisschen naiv-trottelig in die Welt blinzeln, vor denen man sich nicht fürchtet. Der verordnete weibliche Lächelzwang will Frauen ebenfalls zu harmlosen Streichelwesen machen.

Nun will ich keinesfalls zähnefletschend und knurrend

durch die Straßen paradieren, aber vorauseilende Selbstverniedlichung widerstrebt mir komplett. Und die Emo-Maskerade soll ja noch weiter gehen: Die Expertin in meinem Anti-Einsamkeitsheftchen empfiehlt mir, mich den anderen als in mir ruhenden Menschen zu präsentieren. Klar, klingt vernünftig. Damit für meine solchermaßen ergimpelte neue Bekanntschaft die Überraschung umso schöner ist, wenn ich bei der ersten Essensverabredung die Nerven verliere, weil ich in der Speisekarte einen Deppenapostroph entdecke und das lächelnde Labradorface nicht länger als zwei Stunden aufrechterhalten kann, weil meine Wangenmuskeln untrainierte Faulsäcke sind.

Aber gut, genug gemeckert, ich spiele ja schon mit, und wappne mich also für Schritt eins der Turbo-Freunde-Akquise. Als Anfangsübung soll ich Blickkontakt zu anderen Menschen herstellen. Egal ob im Supermarkt, Hausflur oder im Aufzug beim Arzt: den anderen in die Augen schauen und lächeln, so oft wie möglich. Okay. Ich habe tatsächlich schon mal fremde Menschen angelächelt, wenn ich einen guten Tag hatte, die Aufgabe erscheint mir also eher unproblematisch. Allerdings ist da noch dieser Zusatz, der einen davon abhalten soll, bei ausbleibendem Erwiderungslächeln oder gar offensiven Anmuffelungen – dit is hier immer noch Berlin! – direkt aufzugeben: »Du bleibst dran, setzt deine Charme-Offensive unbeirrt fort.« Auch wenn niemand zurückschmunzeln sollte, laute meine Mindestanforderung: zehn direkte, lächelnde Blickkontakte pro Tag. Vorher dürfe ich mich abends nicht ins Bett legen.

Verstehe, da ist direkt ordentlich Druck dahinter. Wie kann ich mir das praktisch vorstellen? Muss ich dann mit todmüde verquollenen Augen spätabends noch mal in meiner rosa Häschen-Schlafhose schnell zum Raffen der noch fehlenden Fremd-Grinser los, um mein Soll zu erfüllen – die greise Nachbarin rausklingeln, grimassierend in die Bar unten in meinem Haus stürzen, mit angetackertem Feixen die jugendlichen Kiffer im Gebüsch hinter dem Jugendhaus gegenüber aufschrecken? Zum Glück treffe ich auf meinen täglichen Gassigängen aber ohnehin genügend andere Hundebesitzer, und man lächelt sich ganz automatisch leicht pennälerhaft an, während die Hunde sich gegenseitig im Genitalbereich beschnuppern. Sollte ich also hinkriegen, darum gleich weiter zu Schritt zwei.

Zusätzlich zur Lächelei soll ich nun auch noch Grüßen. Das Programm kommt mir jetzt schon vor wie dieses »Ich packe meinen Koffer und nehme mit«-Gedächtnisspiel, bei dem die Liste immer länger und immer schwerer zu erinnern wird. In die Augen schauen, Lächeln, Grüßen – und dann Knicksen, eine kleine Pirouette drehen, naturgetreue Quakgeräusche machen, fragen, wie der andere die letzte »Bachelor«-Folge fand, ein Bonbon anbieten? Aber schön, dann grüße ich jetzt eben. Immerhin darf ich mir aussuchen, ob ich Hallo, guten Morgen oder guten Abend sagen will. Allerdings soll ich mir als Ziel meiner Grüßoffensive vor allem wildfremde Menschen aussuchen, die ich eigentlich gar nicht näher kennenlernen will.

Ich erinnere mich daran, wie mich und meine Schwester vor ein paar Jahren unsere heute achtzigjährige Tante Lisa in Hamburg besuchte. Bei jeder unserer U-Bahn-Fahrten grüßte sie schon beim Einsteigen, dann beim Hinsetzen und wieder beim Aussteigen die anderen Fahrgäste, wie es eben zu Hause im Dorf üblich war, wenn man irgendwo einem anderen Menschen begegnete. Die Hamburger U-Bahn-Stiesel waren gerührt, aber auch etwas überfordert und sehr maulfaul. Kennenlernen wollte uns danach, glaube ich, keiner, und ich hatte auch heute keine große Lust, mit wackeldackelhaft nickendem Kopf grüßend durch Berlin zu ziehen. Zumal mir sicher direkt mein neu einstudiertes Dauerschmunzeln aus dem Gesicht fiele, wenn meine Freundlichkeit nicht erwidert würde. Auch wenn mein Ratgeber für diesen Fall schon vorsorglich einen kleinen Pep-Talk raushaut. Wenn das erhoffte Echo ausbliebe, habe das keinesfalls etwas mit mir zu tun, denn es gebe einfach sehr viele Menschen, die eben gerade schlechte Laune hätten: »Vielleicht hat dein Gegenüber übles Sodbrennen, würdest du an seiner Stelle freundlich lächelnd durch die Gegend laufen?«

Ja, okay – aber vielleicht habe ja AUCH ICH übles Sodbrennen? Na gut, immerhin scheint mein auferlegtes Pensum schaffbar. Fünf Grüßereien pro Tag soll ich ableisten, das Ganze dann auf zehn Grüßer steigern. Dafür, schreibt das Büchlein, dürfte ich mich dann auch belohnen und schön bei meinem »Lieblings-Italiener« essen gehen oder mir eine neue Handtasche kaufen.

Now we're talking! Mit solchen billigen Incentive-Tricks bekommt man mich ja leider immer, zwar habe ich keinen Lieblings-Italiener (und dachte, dieser Begriff wäre mitsamt der Tiefkühlpizzawerbung der neunziger Jahre ausgestorben), und ich brauche auch keine neue Handtasche, aber ich habe erst letztens ein kleines Gadget gesehen, das ich gerne gekauft hätte, doch mir fiel trotz ausgeprägter Verprassungsroutine und einem reichen Arsenal an Selbsttäuschungstaktiken kein plausibler Grund ein, mit dem ich mir die Anschaffung hätte schönreden können. Es handelte sich dabei um ein flaches Kästchen, einen Mini-Monitor und eine kleine Kamera, wenn mein Hund mit der Pfote auf die Oberfläche des Kästchens tippen würde, könnte er einen Facetime-Anruf an mich absetzen, falls er mal alleine in der Wohnung bleiben müsste. Nun trennten mich nur fünf erfolgreiche Grüßtage von dieser als Belohnung dann absolut gerechtfertigten Anschaffung. Easy.

Fast ein bisschen motiviert, wappne ich mich für den dritten, finalen Schritt: Kleine Gespräche anfangen. Das sei recht viel verlangt, räumt die Autorin ein, und sie könne verstehen, wenn man davor große Angst habe. Hm, nö, keine Angst. Erstens hoffe ich, dass ich mir gleich noch mal etwas kaufen darf, sobald ich zehn fremde Leute in ein

Gespräch über ihre schönen Schuhe (oder notfalls auch meine schönen Schuhe) verwickelt habe. Zweitens habe ich mich ohnehin längst zu einer regelrechten Smalltalkkönigin entwickelt, seit ich mit Figo, meinem klapprigen Großnasenfoxterrier, unterwegs war und regelmäßig von Passanten angesprochen wurde. Natürlich bringen solche Routinen etwas, man wird geschmeidiger. Angst habe ich also keine, aber ich würde mich trotzdem wie ein Trottel fühlen, wenn ich arglose Mitfahrer in der U-Bahn unvermittelt in ein Gespräch über Themen verwickeln würde, die laut meinem Ratgeberchen perfekt dafür geeignet sind: das Wetter. Das Fernsehprogramm. Sportereignisse. Wie soll das in der Praxis bitte aussehen, soll ich Montagmorgens fremde Menschen ansprechen und sagen »Hallo, Grüß Gott, ich bin ja Bayernfan und mein Verein hat am Samstag schon wieder gewonnen, haha! Ihrer hat sicher verloren, was? Aber schönes Wetter haben wir heute!« (lächelnd ab).

Der praktischen Gesprächsvorlage aus meinem Heftchen möchte ich jedenfalls lieber nicht nachkommen: Wenn mir selbst nichts einfällt, soll ich einfach einem Mann, den ich im Supermarkt sehe, ein Kompliment für seine schicke Uhr machen (falls er, so viel Realismus muss sein, eine halbwegs schicke Uhr trägt). Ich soll ihn fragen, wo er sie gekauft hat, was sie so alles an Extra-Features mitbringt, wie lange er sie schon besitzt, ob er über den Kauf glücklich ist oder die Anschaffung bereut. Natürlich, das klingt sehr normal und gar nicht *creepy*.

Wenn ich im Supermarkt stünde und gerade überlegte, ob ich lieber die neumodisch runden Zucchini oder die neumodisch karottenförmigen Auberginen kaufen soll, um mir selbst ein feines Foodsnob-Mahl zu kochen, und ein Fremder störte mich in meinen Überlegungen, indem er mich in ein umständliches, sonderbar detailliertes Gespräch über meine Armbanduhr verwickelte – ich würde ihn für die Restdauer meines Einkaufs sherlockmäßig scharf im Auge behalten und außerdem meine Armbanduhr sicherheitshalber mit der anderen Hand umklammern. Eine solche Kontakterpressung KANN doch nur schiefgehen, oder, Heftchen?

Na gut, räumt meine Lektüre ein, ich werde nicht gleich bei jedem landen können und nicht sofort gute neue Freunde finden. Aber: »Die Chance, dass du neue Freunde oder sogar deinen Herzenspartner kennenlernst, stehen 50/50.«

Das ist nun freilich eine herrlich dummfreche Statistikbeugung ganz nach meinem Humor-Geschmack. Ungefähr so, als wenn ich einen Lottoschein ausfülle und sage, die Chance, dass ich Millionär werde, stehen halbe-halbe. Aber anscheinend ist das Anti-Einsamkeits-Blitzprogramm damit tatsächlich schon beendet: Es gebe nun keinen Grund mehr für mich, mich jemals wieder einsam zu fühlen, bescheidet mir das Heftchen, alles Weitere läge jetzt dann eben bei mir selbst, und wenn ich mich trotz meiner neu erworbenen Superskills doch dazu entscheiden würde, für den Rest meiner Tage in Isolation und Selbstmit-leid zu schmoren: bitte schön! Wenn ich aber brav meine Übungen machen würde, wären meine vielen alleinsamen Stunden für immer Vergangenheit. Großes Anti-Einsam-keits-Ehrenwort!

Ich bin hin und her gerissen: Einerseits nötigt mir der am-bitionierte Nepp, diese Tipps als Buch zu verkaufen, tat-sächlich einen gewissen Respekt ab. Andererseits bin ich natürlich auf 180. Nicht so sehr wegen der Zeit, die ich mit der Lektüre dieses Ratgebers verplempert habe, sondern weil ich mir vorstelle, wie aufrichtig unglückliche, an ihrem Alleinsein verzweifelnde Menschen diese Broschüre oder ähnlich windige Handreichungen mit echter Hoffnung lesen. Und danach als grinsende Grüßgott-Auguste und -Augustinen herumlaufen und fremde Leute mit kruden Nachfragen behelligen, wie sie gestern denn so das Fern-sehprogramm fanden, und danach noch trauriger sind, weil es trotzdem immer noch nicht klappt mit den neuen Men-schen in ihrem Leben.

Als endgültigen Rausschmeißer und Bonus-Frechheit legt die Autorin schließlich noch ein paar spezielle Tipps für die Partnersuche obenauf: Ich soll eine Checkliste erstellen, welche Kriterien mir an meinem potentiellen neuen *love interest* besonders wichtig sind. Es überrascht nicht, dass die vorgegebenen Beispiel-Anforderungen eher krude sind: »Wie ist seine Statur, schlank, fest, dick, darf er einen Bauch haben? Wie sollte sein finanzieller Status sein?« Auch die Frage, ob mein Zukünftiger ein Auto besitzen soll, sollte ich jetzt mal ernsthaft für mich eruieren – und wenn ja, soll es dann eher ein sportliches oder ein sparsames sein? Wer mittels einer solchen Liste genau definiere, nach wem er suche, dem würde sein Wunschpartner auf irgendwie nebulöse, nicht weiter ausgeführte Weise zugeführt werden, steht in dem Heftchen. Ich überschlage im Kopf grob meine eigenen Checkliste – sie klingt wie eine extrem kapriziöse Stellenausschreibung, auf die sich am Ende nur eine einzige Person melden würde: ich.

So genau weiß ich an dieser Stelle wirklich nicht mehr, was ich von meiner Ratgeberlektüre eigentlich erwarte. Das Lächelprogramm ist freilich ein extremer Fall, aber auch die gemäßigteren, praktisch orientieren Bücher zum Thema Einsamkeit scheinen vor allem Durchhalteparolen zu sein: Sie erklären, wie man es aushält. Ich brauche sie nicht, ich kann sehr gut alleine sein. Ich bin der Bayern München des Alleinseins. Aber wie mein Lieblingsverein, der sympathische Rekordmeister, habe auch ich manchmal eine schlechte Phase. Wenn nichts klappt, auch die routiniertesten Spielzüge nicht gelingen – all die schönen Nebensächlichkeiten, mit denen ich mir mein Leben sonst ganz allein behaglich gestalten kann (mich mitten am Tag für zwei Stündchen in die gute, frisch gemangelte Damastbettwäsche legen, ein Croissant mit meinem liebsten, sinnlos teuren Lemon Curd essen, dem Hund stundenlang den Bauch kraulen und dazu alte »Austria's next Topmodel«-Folgen anschauen), keinen Spaß machen, ich mich von allen verlassen und vergessen fühle. Tage eben, an denen ich mich sorge, wann und wie verrottet man mich wohl finden wird, wenn ich gleich beim waghalsigen Versuch, ein Buch aus der allerhöchsten Regaletage zu ziehen, vom Hocker falle und dabei das Regal umreiße, das mich mitsamt all meiner farblich sortierten Bücher erschlägt und unter sich begräbt. Ich will nichts daran ändern, wie ich lebe, und denke doch manchmal darüber nach, was passieren würde, wenn ich es trotzdem täte.

Also lese ich noch einen zweiten Ratgeber: »Einsam. Vom mutigen Umgang mit einem schmerzhaften Gefühl« von Eva Wlodarek. Sie schwört mich schon im Vorwort auf eine Schicksalsgemeinschaft ein: »Wir scheuen uns nicht, ins Tal der Tränen abzutauchen, ich beim Schreiben, Sie beim Lesen. Das ist der Preis, wenn man etwas verändern will.« Der heitere Monty-Python-Ratschlag »Always look on the bright side of life« brächte weder sie noch mich weiter. Ich weiß nicht recht. Das klingt mir nun unangenehm streng nach einem Mix aus Churchills Blut-Schweiß-und-Tränen-Rede und Fräulein Rottenmeier.

Die ersten Kapitel behandeln Ursachen der Einsamkeit, die in der Kindheit liegen, und Tipps, wie man diese uralten Kränkungen und Wunden heute nachträglich versorgen und umdeuten kann, was in der Kindheit vielleicht schiefgegangen ist. Ich überblättere sie, damit kann ich nichts anfangen. Auch beim Kapitel »Masken der Einsamkeit« will ich direkt weiterspringen, weil es mich nicht betrifft: Ich vergrabe mich nicht in Arbeit, um meine Einsamkeit nicht zu spüren (die »Workaholic-Maske«), ich packe mir meine freie Zeit nicht aus demselben Grund mit tausend schrecklichen Events und Verabredungen voll (die »Action-Maske«), suche nicht zwanghaft One-Night-Stands (die »Sexmaske«), diene mich nicht Freunden und Nachbarn als allzeit verfügbare Umzugshilfe, Blumengießkraft und Babysitterin an (die »Helfer-Maske«), dann bleibt mein Blick doch an einer Überschrift hängen. »Die Extravaganz-Maske« lese ich, fühle mich ein kleines bisschen angesprochen, und lese weiter: »Gedichte schreiben, malen, Ausdruckstanz proben, esoterische Methoden erlernen, weite Reisen unternehmen, Philosophie betreiben, aus einer feinen Familie kommen« – all diese, von mir bislang als durchaus legitim eingeschätzten Tätigkeiten und Eigenschaften sind garstige Einsamkeitskatalysatoren, lerne ich staunend. Weil sie den dazugehörigen Menschen das Gefühl geben, etwas Besonderes zu sein, und das gelte es unbedingt zu vermeiden. Denn mit diesem Selbstbild, das man dann natürlich auch nach außen trage, zeige man ganz demonstrativ, dass man nur deshalb keinen passenden Partner finde, weil man eben so eine *special snowflake* sei. In Wahrheit aber seien diese hohen Ansprüche nur vorgeschoben und eine Schutzmauer, hinter der man sich mit seiner Einsamkeit verschanze.

Falsch: Meine Ansprüche sind keine Schutzmauer. Meine Ansprüche sind Ansprüche. Ziemlich spezielle Ansprüche, wie ich spätestens seit meiner überschlagenen Partner-Shoppingliste aus meiner Heftchenlektüre weiß, aber es ist mir ja auch nicht sehr dringlich damit, dass sie wirklich jemand erfüllen kann. Trotzdem sind sie völlig ernst gemeint. Ich lese weiter, und es wird nicht besser – an meinem Alleinsein ändern diese Ratgeber offenbar nichts, aber meinen Blutdruck bringen sie ganz okay in Schwung. Die Autorin bespöttelt einen Nachhilfelehrer, der sich nebenbei als Opernsänger ausbilden lässt und so sehr in seiner Musik aufgeht, dass er keine Zeit für Amouren hat. Und eine Frau, die ein paar Monate in einem indischen Ashram meditieren lernte und jetzt gerne zurückgezogen lebt. Was aber sollte daran falsch sein, sich sein Leben interessant zu machen und seine Leidenschaften auszukosten? Diese sonderbaren Kitschmädchen-Instagram-Accounts, die immer vom Hinfallen und Krönchenrichten schreiben, würden dazu sagen: Glitzer über den unglitzrigen Alltag streuen. Oder ein Einhorn drüber pupsen lassen, ich kenne mich in der Terminologie nicht so genau aus. Aber darin, wie gut es tut, sich seine kleinen Nischen in den Betonklotz Alltag zu hauen und sie gemütlich auszukleiden, mit nichts und niemandem sonst als Maßstab als der Frage, ob es mich glücklich macht. Ein großer Irrtum, sagt das

Buch. Ich habe noch nie ein Buch aus dem Fenster geworfen, aber jetzt bin ich kurz davor (nur zu faul, aufzustehen).

Und muss außerdem, jetzt leicht in Rage, allein aus Echauffierungslust weiterlesen, was die Autorin mir nun als Hilfsmaßnahme rät: Um die toxische Extravaganz-Maske abzulegen, soll ich mich »bewusst ganz normal« geben: Ich soll auf ausgefallene Kleidung verzichten, auf eine Sprech- und Schreibweise, die mich von anderen unterscheidet, und auf »exaltiertes Verhalten«: Kurz gesagt: Ich soll jede stilistische Übertreibung aus meinen Leben löschen.

Ich soll mich runterdimmen und abtönen, damit sich niemand erschrickt. Aber meine Kauzigkeit ist nicht verhandelbar. Meine milde Exzentrik steht nicht zu Disposition. Wenn ich gerne goldene Schuhe trage (kurz mal nachgezählt: Ich besitze tatsächlich sechs Paar in verschiedenen Ausführungen), mich stundenlang in Molchhalterforen festlese oder bei Langeweile Aquarellporträts von Harald Juhnke male, tue ich das nicht, um möglichst überkandidelt zu wirken, damit mich bloß niemand kennenlernen möchte. Was wäre das für ein Aufwand!

Schlimmere Ratschläge als für mich augenscheinliche Exzentrikerin hat die Autorin eigentlich nur für die Menschen, die laut ihr eine »Social-Media-Maske« tragen, sich also einreden, sie seien gar nicht alleine, weil sie ja viele Facebookfreunde hätten. Ihnen befiehlt sie, das Internet abzuschalten und zum »Chorsingen oder zur Weinverkostung« zu gehen. Aber gut, ein paar Seiten weiter empfiehlt sie auch Menschen, die eher vorsichtig sind und das Risiko scheuen, doch mal mit der Achterbahn zu fahren. Und erste Dates mit in Online-Partnerbörsen angekoberten Beziehungsaspiranten dürfen stets nur eine Stunde dauern, egal, wie gut man sich dabei amüsiert, nach 60 Minuten fällt der Hammer, okay tschau.

Interessehalber lese ich dann doch noch das Kapitel »Einsam, weil wir andere abschrecken«. Ist ja auch ein bisschen niedlich, wie die Autorin mich mit diesem pseudokuscheligen »wir« dann doch wieder ans emotionale Patschepfötchen nimmt, obwohl sie natürlich in Wahrheit nur mich alleine meint, mich, die schrullige Über-Exzentrikerin, die mit ihren crazy Hobbys und goldenen Sneakers NATÜRLICH die anderen, ganz normalen Menschen abschreckt und ganz allein selbst dran schuld ist. Aber gut, die Fragen, die sie hier stellt, stelle ich mir mitunter auch: Warum haben andere mehr Freunde als ich, obwohl sie doch – sorry – viel langweiliger sind? Warum melden sich frühere Freunde plötzlich nicht mehr? Und warum fragt mich niemand mehr, ob ich nicht auf dieses Konzert oder in jene Kinovorstellung mitkommen will? Allerdings frage ich mich im Gegensatz zur Autorin dann nicht, ob ich vielleicht unbewusst ein abstoßendes Verhalten an den Tag lege, das andere vergrämt wie Hochfrequenztöne die Stadttauben.

Dann wird es interessant, es folgt eine Checkliste mit

möglichen schlechten Eigenschaften, die andere Menschen zwangsläufig vergraulen, und ich soll nun alle ankreuzen, die ich mir, mal ganz offen und ehrlich, so zuschreiben würde. Darauf habe ich sofort Lust, die Eigenschaftsliste der Schande erinnert mich herrlich nostalgisch an die Sündenliste, die uns Kindern auf dem unterfränkischen Land im Alter von etwa neun Jahren vor jeder Beichte (ich bin stabil katholisch erzogen) vom Pfarrer ausgeteilt wurde. Um uns die Gewissenserforschung zu erleichtern, waren darauf mögliche Sünden aufgelistet, die wir zarten Kinderseelen eventuell begangen haben könnten. Ich erinnere mich noch sonderbar detailliert an »Ich bete keine täglichen Gebete (auch nicht den Engel des Herrn)«, das ich jedes Mal ankreuzte, weil ich das persönlich als noch eher harmlos und nicht sofort für die Höllenglut qualifizierend einschätzte, und an »Ich habe die schmutzigen Bilder im Kinokasten angeschaut«, was ich niemals ankreuzte, obwohl es durchaus zutraf, dass ich bei günstiger Gelegenheit schon mal einen schnellen Blick im Vorbeigehen auf den Aushangkasten in der Dorfmitte warf, in dem die »Spessartlichtspiele« ihren nächsten Film (es wurde stets nur einer pro Wochenende gezeigt, der aber viermal) bewarben. Das waren nun freilich alles andere als Pornos, aber ein paar Busenbildchen waren manchmal schon dabei.

Bei der Beichte mogelte ich also, dem Einsamkeitsbuch wollte ich aber die ganze Wahrheit sagen. In Ruhe studierte ich die Liste der Bratzen-Charakteristika. Gleich beim ersten Durchlesen hatte ich ein paar Favoriten, die ich durchaus zutreffend fand. Denn ich halte mich nicht für einen sonderlich guten Menschen. Oder, wie es ein Freund einmal formulierte: »Du kommst später einmal in einen ganz besonderen, kleinen Bereich der Hölle, abgesperrt mit einem VIP-Band.«

Nach längerem Überlegen kreuzte ich launisch, pessimistisch, wehleidig, egozentrisch, hämisch und – mein Lieblingseintrag in dieser Liste – ironisch an. Ich hätte sie gerne noch mit »verschwendungssüchtig«, »redet zu viel über ihren Hund« und »kann bei Scrabble nicht verlieren« ergänzt, aber fürs Erste fand ich meine schwarze Seele (aber *shiny black*) ganz gut ausgelotet und las auf der nächsten Seite weiter, neugierig (okay, das könnte auch noch auf die Liste) auf die Auflösung, wie fatal diese Kombination nun für meine soziale Zukunft sein würde.

»Wie viele Kreuze haben Sie gemacht? Ich gebe zu, dass ich von vornherein erwartet habe, dass Sie keine Eigenschaft oder nur wenige markieren. Habe ich Recht?«

Oh, ach so. Die Liste war nur ein Trick, Mist. Als nächste Aufgabe auf dem Weg zu einem ansprechenderen Ich soll ich eine »Generalinventur« meiner selbst machen und zuerst einmal indirektes und nonverbales Feedback abchecken, das die Menschen mir so zu meiner Person geben. Zum Beispiel überprüfen, ob die anderen mir vielleicht deshalb nicht die Bude einrennen und Schlange stehen, um mit mir Matcha Latte trinken zu gehen, weil ich möglicherweise fies stinke (wie diese eine Frau im Pilates-Kurs der Autorin, die kein Deo benutzt, puh!). Ist nicht der Fall, ich rieche dank meines Lieblingsparfüms und teurer Duschbäder sogar sehr angenehm nach Lagerfeuer, Guajakholz und rosa Pfeffer. Dann soll ich einen kompetenten Freund um Feedback bitten, was aus seiner Sicht so alles bei mir falschläuft. Auch das Erkunden möglicher neuer Hobbys gehört zur Generalinventur, wieder ist im Buch eine Liste mit Vorschlägen abgedruckt, aber noch mal falle ich auf den Trick nicht herein (und widerstehe nur schwer der Versuchung, »Sich in ein Spezialgebiet einarbeiten, etwa Geschichte des Mittelalters« und »Schönheitspflege« als neue, verfolgenswerte Freizeitaktivitäten anzumarkern). Dann gibt es noch ein paar Smalltalktipps, denn es könnte ja sein, dass ich bis jetzt eigentlich alles richtig mache, wenn ich einen neuen Menschen treffe (Lächeln und Grüßen habe ich ja inzwischen gut drauf), dann aber beim ersten Gespräch versehentlich ausschließlich über die No-go-Themen Krankheiten, Sex und Familiengeheimnisse plappere (für alle, die denselben Fehler machen: Anscheinend soll man besser über Reiseziele, Bestseller und Restaurants sprechen). Abschließend dann die Empfehlung, vielleicht mal wieder die Wohnung aufzuräumen.

Ich spüre fast schon körperliches Unbehagen beim Lesen – was für ein schrecklicher Gedanke, ich müsste mich erst ausgiebig selbst renovieren, als wäre ich eine wackelige Krachbude, bevor ich solchermaßen optimiert überhaupt die Chance auf neue Bekanntschaften hätte. Leider fehlt auch die Information, wie lange ich diese Tarnung anschließend idealerweise aufrechterhalten sollte. Ich war vor etwa 13 Jahren schon mit einer kleinen, harmlosen Altersscharade überfordert, die ich gespielt hatte, um eine im Entstehen begriffene Bekanntschaft nicht sofort wieder zu gefährden. Beim Anstehen für ein Konzert war ich mit einem Mann ins Gespräch gekommen, wir verstanden uns bestens, und er fragte mich irgendwann, wie alt ich denn eigentlich sei. Damals sah ich, zumal bei leicht dusterer Beleuchtung, noch durchaus jünger aus, als ich eigentlich war, und weil ich mir ziemlich sicher war, dass mein Gegenüber höchsten Mitte 20 war, ich aber demnächst 31 werden würde, entschloss ich mich zu einer kleinen Korrektur in Richtung gefühltes Alter. Alles über 30, war ich damals überzeugt, wirkte vor allem auf jüngere Männer alarmierend und abschreckend. »27« sagte ich, was sollte schon passieren, wahrscheinlich würden wir uns nach diesem Abend sowieso nicht mehr wiedersehen, da ich damals noch in Stuttgart lebte und nur für ein paar Tage in Berlin war. Ein bisschen soziales Tippex war meine kleine Altersmogelei für mich, eigentlich nicht einmal eine richtige Lüge.

Das Ganze endete dann so, dass ich drei Jahre später, am Vorabend meines 34. Geburtstages, mit meiner Anstehbekanntschaft und einigen anderen Leuten in meinen »30. Geburtstag« reinfeierte. Wie waren tatsächlich Freunde geworden, damit konnte man nicht rechnen. Ich hatte die Alterslüge auch schnell komplett vergessen, weil das Thema länger nicht mehr aufgekommen war, schließlich war es wirklich komplett nebensächlich, und als es dann irgendwann wieder einmal um unser Alter ging, war es mir peinlich, meinen Joan-Collins-mäßigen Move vor der Konzerttür zuzugeben. So kam es dann, dass meine Berliner Freunde, die sich alle aus dem Umfeld des armen Angeschmierten rekrutierten, irgendwann mit den Planungen für meinen Dreißigsten begannen, schließlich war das eine große, neue Zahl, ein ganz neuer Lebensabschnitt, der eines festlichen Übergangs bedürfe.

Alle bewunderten mich an dem Abend dafür, wie lässig ich mit meinem neuen Jahresjahrzehnt umging – klar, meine echte Dreißigerhysterie vor vier Jahren hatte ja auch keiner von ihnen mitbekommen, weil wir uns da noch nicht gekannt hatten. Ich schauspielerte schlecht, aber ausreichend, und hielt die Alterfarce noch weitere zwei Jahre aufrecht, bis ich irgendwann bei einem gemeinsamen Ausgehabend schweigend meinen Personalausweis auf den Tisch legte. Und die anderen sagten, klar, das hätten sie schon längst gewusst.

Und dann hätte ich mich einmal fast tatsächlich so grundsätzlich verleugnet, wie es mein Ratgeber empfiehlt: Ich war gerade in eine Affäre geraten und etwas erstaunt gewesen, als ich bei meinem ersten Besuch bei ihm in der ganzen Wohnung nur drei Bücher sah – zwei davon waren kubistische Bildbände. Und geriet darum in helle Panik, als er vorschlug, dass er bei unserer nächsten Verabredung doch zu mir kommen könnte. Was würde passieren, wenn er alle meine Bücher sah? Vier volle Billys mussten in seiner Welt ja quasi eine schier monströse Anhäufung sein. Würde er mich etwa für … unangenehm schlau halten? Für übermäßig kopfig und damit nicht easy-peasy-abenteuertauglich? Ich beriet mich ernsthaft mit einem Freund, was ich denn tun könnte, und wir kamen auf drei mögliche Täuschungsszenarien: Ich könnte erstens flattrige, irgendwie indisch bebatikte Tücher vor die Regale hängen (was mich allerdings dann in den Verdacht bringen könnte, eine wunderliche Esoterikerin zu sein, da wäre »schlau« vielleicht doch noch besser), zweitens die Bücher tatsächlich für die (bei Licht betrachtet doch eher überschaubar geschätzte) Dauer der Affäre in den Keller schaffen oder drittens behaupten, die Bücher gehörten gar nicht mir, die hätte nur ein momentan wohnungsloser Freund untergestellt, während er in Arizona ein Praktikum als Rodeoreiter macht.

Mich überzeugte keine der Lösungen, und es gelang mir tatsächlich, den bücherarmen Mann mit teilweise abstrusesten Ausreden noch ein paar Wochen aus meiner Wohnung und von meinen Büchern fernzuhalten, und dann hatte sich das Ganze tatsächlich glücklicherweise erledigt, ohne dass ich mich umständlich verdummen musste, um niemandem Angst einzujagen.

Ich hatte also auch mit diesem Ratgeber abgeschlossen, als ich beim Durchblättern der letzten Seiten auf noch eine Liste stieß: »Heimlicher Gewinn der Einsamkeit«, Gründe also, die einen – abgesehen von Selbstachtung – sonst noch davon abhalten könnten, den komischen Tipps der Autorin Folge zu leisten, weil man seinen Alleinsamkeits-Status in Wahrheit gar nicht verändern wollte. Ich schaute mir die Liste an, und neben dem erwarteten Unsinn (wie dem Punkt »Wir können bittersüß leiden«) fand ich auch einige Punkte, die ich sofort unterschreiben oder in eine Werbebroschüre für Einsamkeit aufnehmen würde.

Vorteile des einsamen Lebens sind demnach:

1. Niemand platzt ungebeten in unsere eigene, gut gesicherte Welt und stört mit fremden Ansichten.
2. Gefühlsblessuren heilen besser, wenn nicht ständig jemand daran herumziept.
3. Es besteht keinerlei Notwendigkeit, sich zu ändern.

Für die Autorin alles unzulässige Argumente, für mich drei absolut schlüssige Vorteile des Alleinseins. Aus uns beiden würde also wirklich kein Wir werden. Sorry, es liegt ganz bestimmt an mir.

Ein paar Wochen nach meinem Ratgeber-Exkurs, ich hatte die beiden Bücher schon wieder vergessen, fand ich in meinem Maileingang ein Angebot für einen Anti-Einsamkeits-Onlinekurs. Dabei hatte mein Ratgeberkauf keinerlei digitale Spuren hinterlassen, weil ich die beiden Bücher in einem Laden besorgt hatte, um mir mein schönes, durch jahrelange Käufe von Kaninchenenzyklopädien und thailändischem Zirp-Pop in Form gebrachtes Amazon-Kundenprofil nicht zu verhunzen. Ich bin mir nicht sicher, ob es inzwischen auch analoge Algorithmen gibt, oder ob Spione drüben im Jugendzentrum mit einem riesigen Fernrohr auf meinen Nachttisch schielen.

Jedenfalls klang der angebotene Kurs mit dem herrlich pathetischen Titel »The Sacred Alone« sehr viel vernünftiger als alles, was ich in meinen Ratgeberbüchern gelesen hatte – weil die Kursleiterin zur Abwechslung glaubhaft vermittelte, selbst genug Einsamkeits-Praxiserfahrung zu haben: Vor neun Jahren war ihre große Liebe gestorben, sein Tod habe alles zerschmettert, was sie wusste und was sie war, schreibt sie in ihrer Mail. Inzwischen aber habe sie durch ihr Alleinsein so viel gelernt, dass sie nicht sicher sei, ob sie irgendetwas ändern würde, wenn sie es könnte. Sie wüsste noch genau, wie zutiefst beängstigend sie es mit Mitte zwanzig gefunden hatte, einen Samstagabend alleine zu Hause verbringen zu müssen: »Ich wollte nicht alleine sein – alleine zu sein bedeutet, dass es mich gar nicht gibt.«

In ihrer Trauer aber habe sie sich mit dem Alleinsein angefreundet, so gründlich, dass es nun zu einem echten Bedürfnis für sie geworden sei, so wichtig für ihr geistiges Wohlgefühl, dass sie auch in einer möglichen neuen Beziehung immer ihre Alleinzeit brauchen würde.

Endlich! Endlich jemand, der das Alleinsein nicht wie eine lästige, erstaunlich hartnäckige Grippe begriff, die blitzartig komplett ausgestanden wäre, sobald Dr. Love die Szene beträte. Einsamkeit nicht als vernichtungswürdiger Piesacker, sondern als Kumpan, das gefiel mir gut, und ich war sogleich bereit, knapp 100 Dollar auszugeben, für »a gentle 14-day journey into the quiet knowing space in your heart that offers refuge, wisdom and calm«. Mitmachen könnten nicht nur Leute, die mit ihrem Alleinsein nicht klarkommen, sondern auch passionierte Loner wie ich, obendrein auch Menschen, die ganz im Gegenteil durch ihre Lebensumstände gerade fast niemals alleine sind und sich nach etwas Solozeit sehnen. Also keine Schluchzgruppe der einsamen Herzen, sehr gut. Jeden Tag würde die freundliche Kursleiterin mir einen kurzen Essay zum jeweiligen Tagesthema mailen, eine MP3 mit Meditationen oder Visualisierungen und ein paar Stichworte, zu denen ich Tagebucheinträge verfassen sollte.

Ich meldete mich an, und schon die erste E-Mail von Susannah, der Kursleiterin, versöhnte mich mit der Idee,

Ratschläge von außen in meine Alleinseinsblase zu lassen. Lustigerweise begann ihre erste Nachricht mit zwei Begriffen, die bei mir aktuell einen immer nervtötenderen Fingernägel-auf-Schiefertafel-Effekt hatten: Achtsamkeit und Selfcare. Für mich eigentlich gute, aber mit inspirierenden Blümchenbildern kaputtgekitschte und mit Lichterketten totinstagrammte Ideen. Es spreche absolut nichts gegen sie, schrieb nun Susannah, natürlich sei es sehr angenehm, zur Massage zu gehen, man fühlt sich gut dabei, wenn man sich einen grünen Smoothie macht oder, wie all die Duttmädchen, bei der 30-tägigen »Yoga with Adrienne«-Youtube-Challenge mitmacht. Aber das seien eben alles äußerliche Pflaster und Verbrämungen, denen ein wichtiger, innerlicher Schritt vorausgehen müsse, etwas ganz Leises und Unspektakuläres, für das man nur ein bisschen Zeit, Geduld und Mut brauche: Der erste Schritt, schreibt Susannah, sei es, wirklich, ehrlich und aufrichtig eine Beziehung mit sich selbst einzugehen. Das klinge einfach und sei doch so schwer, vor allem, wenn einem bis jetzt immerzu eingedrillt wurde, es sei falsch und narzisstisch, die eigenen Bedürfnisse als oberste Priorität zu sehen und sich selbst als wichtigsten Menschen im eigenen Leben.

Es war wahnsinnig erleichternd, diese Mail zu lesen, die völlig klar und ohne Schnörkel sagte: Die Person, die meine Liebe und Aufmerksamkeit am meisten braucht, bin ich.

14 Tage lang machte ich alle Meditationen und Übungen, die Susannah mir schickte. Ich baute mir sogar einen kleinen Ich-Altar, wie sie vorschlug, eine Ecke in meiner Wohnung, die mich im Vorbeigehen und im Alltags-Deadline-Hundegassi-Rechnungzahlen-Stress nun immer wieder an die Idee des Sacred Alone erinnert. Ich nutzte dafür die oberste Fläche meines Regals mit den goldenen Schuhen darin, und ich legte darauf ein paar kleine Dinge, die für mich eine besondere Bedeutung haben: den flachen, sonderbar violett schimmernden Stein vom Gartenweg des englischen Airbnb-Gartenhäuschens, das schiefe kleine Eselchen, das ich in meinem Keramikkurs in den letzten zehn Minuten schnell aus einem Restklumpen geformt hatte, eine Muschel vom surreal sonnigen Nordseestrandtag mit meinem Hund, die handgefertigte Bronze-Statuette eines Jaguars, der zwar einen wunderschönen, sehnigen Jaguarkörper, aber ein völlig missratenes, schnabeliges Maul hat und den ich in Marrakesch in der Ausschusskiste eines Kunsthandwerkers entdeckte. Alles Dinge, die mich an eine Lektion erinnern, die als erste und wichtigste in allen Einsamkeitsratgebern stehen sollte: Dass es Geduld und Übung braucht, die Zeit mit sich alleine schätzen zu lernen. Aber dass es praktisch unmöglich ist, wirklich einsam zu sein, wenn man sich selbst Gesellschaft leistet.

AUSFLUG MIT MIR

An der Innenseite meiner Wohnungstür kleben zwei Zettel, die mich an wichtige Leitsätze erinnern. Der erste ist eine blutdrucksenkende General-Maßnahme: »Wozu? Es lohnt nicht«, ein Gleichmuts-Memo, wie es Platonow, mein liebster Tschechow-Dramencharakter, formulieren würde. So große Freude es mir mitunter bereitet, mich über die vielfältigen Blödigkeiten meiner näheren, weiteren oder gar nicht Bekannten in Rage zu denken, so anstrengend und zeitraubend ist das Aufbrühen dieser Instant-Cholerik leider auch, daran soll mich meine Gleichmuts-Ikone Platonow erinnern. Auf dem zweiten Zettel steht ein Zitat von Thomas Bernhard: »Die Schläue des Fuchses besteht darin, den Fuchsbau auf keinen einzigen Fall zu verlassen.« Es stammt aus dem Briefwechsel mit seinem Verleger Siegfried Unseld, dem er am Ende einer Nachricht »Wünsche und Grüße aus einem düsteren Fuchsbau« schickt, verbunden mit ebendiesem Rat, besser drinnen zu bleiben. Eigentlich brauche ich diese Merkhilfe nicht, denn ich bin sehr gerne zu Hause, in meinem Bau, meiner Festung.

Auch wenn ich gerne verreise, bin ich doch am schönsten Ort nicht glücklicher als in dem Moment, in dem ich bei der Rückkehr meine Wohnungstür aufschließe. Das Leben im Konjunktiv, das Leben, das sein könnte, ist ja immer aufregender und schöner als das gelebte, diese parallel laufende potentielle Existenz, für die man sich dann doch nicht entscheidet und die einen manchmal in Grübelmomenten als Was-wäre-Chimäre anbellt. Auch jede nur vorgestellte Reise ist interessanter und erholsamer als die wahrhaftig angetretenen. Oft verfluche ich mich schon im Taxi zum Flughafen für die unnötige Unruhe und Unbequemlichkeit, mit der die frisch angebrochene Reise meine geliebte Behaglichkeit zerwühlen würde, obwohl es später meistens dann doch noch ganz gut wird und ich froh bin, dass ich antifüchsisch gehandelt habe und trotz einer gewissen Grundlethargie dennoch gefahren bin. Und das am liebsten – und seit Jahren – alleine. »I never found the companion that was so companionable as solitude«, schrieb Henry David Thoreau, der waldschrätige Solo-Baum-Umarmer, der qua Gesetz in jedem Buch über Einsamkeit vorkommen muss (obwohl er, wie man längst weiß, seinen Natur-Retreat in der Blockhütte am Walden Pond doch nicht komplett alleine verbrachte – seine Waldnachbarschaft war ein beliebter Siedelort für Outcasts aller Art, die in Boston nicht mehr gewollt waren).

Alleine verreisen ist für viele Menschen eine Herausforderung, weil ihnen die Übung fehlt, nur mit sich selbst auszukommen. Vor allem den verpartnerten unter ihnen ist meistens der Drang abhandengekommen, auch mal alleine eine fremde Welt entdecken zu wollen, weil man durch eine (oft wirklich extrem totalitär ausgelegte) Beziehung dazu verpflichtet ist, sämtliche Abenteuer nur noch gemeinsam zu erleben. Eine Zweier-Existenz als Tweedledum und Tweedledee, die Zwillinge aus »Alice im Wunderland«. Wer als verpaarter Mensch plötzlich eine Woche alleine in den Urlaub fahren will, macht sich mindestens der Ausbruchsphantasie verdächtig. Wer keinen Partner oder keine Partnerin, aber Freunde hat, neigt meistens dazu, mit denen loszufahren, statt mit sich alleine die Welt anzuschauen. Zumindest der Großteil handhabt das so, ich kann den Lebens- oder Zweckgemeinschaften bei Facebook und Instagram ausführlich bei Reiseplanung, letztem Arbeitstag, Kofferpacken, Rumlungern am Gate und dann dem ganzen langen Urlaub zuschauen. Alleine sehe ich fast niemals jemanden aufbrechen, der nicht ohnehin die meiste Zeit alleine ist, und wenn doch, ist es meistens eine Dienstreise, muss in pittoresker Abgeschiedenheit ein Buch oder ein Businessplan geschrieben werden, oder jemand ist im letzten Moment krank geworden. In jedem Fall gibt es eine plausible Erklärung für dieses abweichende Verhalten, nie hat jemand einfach nur Lust dazu, mal eine Weile alleine zu sein. Haben alle Angst davor, was sie dabei über sich herausfinden könnten? Oder davor, dass ihnen die Alleinsamkeit gefallen könnte?

Für jemanden, der sonst im Alltag nie freiwillig alleine ist, wäre eine Solo-Reise ein riesiger Schritt, ein ähnlich tollkühner Plan, wie mit einem dieser Tretboote in Schwanengestalt eine Ärmelkanalüberquerung zu unternehmen. Einen verkümmerten Einsamkeitsmuskel muss man mit kleinen Schritten trainieren. Als ersten Schritt könnte man alleine ins Kino gehen und sich dabei nicht knäpplich vor Filmbeginn ins sichere Dunkle schleichen, sondern sich als Allererster in den Kinosaal setzen, in gut ausgeleuchter Exklusiviät von den Zwangskuschlern in den Pärchensitzen begaffen lassen und dabei stoisch die größtmögliche Popcornportion verzehren (optional: zwischendurch »ICH muss nicht teilen!« rufen).

Als zweiten Schritt der bewussten Selbstausgrenzung empfehle ich mein dringend zu patentierendes Hrundi-V.-Bakshi-Programm, benannt nach dem Protagonisten in Blake Edwards' Meisterwerk »Der Partyschreck«, meinem ewigen Lieblingsfilm. Darin gerät ein täppischer Kleindarsteller, gespielt von Peter Sellers, versehentlich auf die Party eines großen Hollywood-Produzenten und richtet dort jedes erdenkliche Unheil an – beim vergeblichen Versuch, sich in die Partycrowd zu integrieren, dazuzugehören. Um zu trainieren, nicht unbedingt mit jeder Gruppe verschmelzen zu müssen und sich selbst stattdessen zur Abwechslung auch mal bewusst als versehentlich in die falsche Schachtel geratenes Puzzleteilchen auszuhalten, empfehle ich diese praktischen Übungen:

1. Sich gezielt auf eine Party einladen, bei der die übrigen Gäste entweder sehr viel älter oder sinnlos viel
   jünger sind als man selbst. Dreist in Gespräche drängen, obwohl man keine Ahnung hat, ob »Eule« aus
   »Berlin Tag und Nacht« ein Mensch oder ein Vogel
   ist und wo es die besten Oblaten in Karlsbad zu kaufen gibt.

2. Nicht die üblichen mehrheitsfähigen Witze über
   Hipsteressen (»Quinoa ist doch auch nur die Erfindung eines Menschen, der dringend bei Scrabble gewinnen wollte«) und verschollene DHL-Sendungen
   machen, sondern sich nach Vorbild des Partyschrecks
   einen möglichst eigentümlichen Humor antrainieren.
   Witze machen, über die möglichst niemand schmunzeln kann, auch nicht die Höflichen. Sehr laut in die
   unangenehme Stille hinein über die eigenen Scherze
   lachen.

3. Zu einer normalen Dinnerparty in einem Quallen-
   oder Gondolierekostüm auftauchen und behaupten,
   die Einladung sei »missverständlich formuliert«.

Als Abschlussprüfung dieses Trainingsprogramms könnte
man dann mit sich selbst essen gehen. Restaurantbesuche
sind für Einzelpersonen so etwas wie die Königsdisziplin
des Single-Fünfkampfs (neben den anderen vier Diszipli-

nen »Als einzige Unverpaarte beim eh schon schrecklichen Spieleabend«, »Alleine im Lambadakurs«, »Familienfest mit vier ältlichen Tanten, die einen nacheinander verhören, wann man denn heiratet – und wen eigentlich« und »Vollsuff, weil alleine beim Buy-1-Get-1-Free-Cocktailabend«). Wenn ich alleine essen gehe, betrachten mich die besser besetzten Tische manchmal ähnlich mitleidig, als sei ich Lonesome George, die letzte Pinta-Riesenschildkröte, der einen Gutteil seiner 100 Lebensjahre mangels verfügbarer Artgenossin alleine verkriechen musste. Lonesome Rützel hat zumindest einen ebenso stabilen Panzer wie George, deswegen kümmert mich das wenig. Als ich einmal ein paar Nächte in Südtirol in einem Campingfass zubrachte, aß ich meistens in der Pizzeria des angeschlossenen Campingplatzes zu Abend und war stets die einzige Einzelesserin, ausgiebig begafft von den Paaren an den anderen Tischen. Die ersten Tage amüsierte ich mich damit, mir auszumalen, welche gescheiterte Lebensgeschichte mir die Glotzer wohl andichteten, dann ging ich dazu über, sie mit noch mitleidigeren Blicken anzuschauen, als sie es mit mir taten.

In einem trutschigen, schon gilben Ratgeber für das Singlewesen las ich einmal den Tipp, einen kleinen Block samt Stift neben den Teller zu legen, falls man einmal in die Bredouille geraten sollte, alleine essen gehen zu müssen – dann würde einen das Bediengeschwader möglicherweise für einen Gastrokritiker halten und trotz der offensichtlich desolaten Sozialsituation respektieren und zuvorkommend bedienen. Das Leben ist aber leider kein Louis-de-Funès-Film, deswegen funktioniert dieser Trick nur mäßig, Gratis-Sahnetorten und Hummergeschenke sind damit nach meiner Erfahrung als zeitweilige, echte Gastro-Kritikerin nicht einzufahren.

In Amsterdam gibt es seit ein paar Jahren ein Restaurant nur für Einzelesser. »Eenmaal« war eigentlich nur als einmaliges Pop-up-Lokal in einem alten Kanalhaus geplant, das laut Eigenbeschreibung erste »one-person restaurant in the world« existiert dank stetig ausgebuchter Einzeltische immer noch. »An attractive place for temporary disconnection« steht auf der Webseite, als müsse man betonen, dass man sich durchaus im Klaren sei, dass die einzelessende Einsamkeit der Gäste sicher nur vorübergehend und selbst gewählt ist. Alleine essen als kurzzeitiger Checkout aus unserer hypervernetzten Welt. Noch besser gefiele mir die Idee des Lokals, wenn sie ohne eilfertig bereitgelegte busy-busy-Relativierung auskäme: Man darf auch einfach alleine sein und essen, wenn man sein Leben nicht im Zentrum einer Wuselbranche lebt. Alleine sein muss man sich nicht durch vorheriges Über-Socialisen verdienen.

In Japan gibt es übrigens eine ganze Fernsehserie, die sich um einen einsamen Esser dreht: »Kodoku no Gurume«, auf Deutsch etwa »Der einsame Feinschmecker«, ist eine kulinarische Mangaserie, die zuerst in Heftform erschien und dann mit realen Menschen in bisher fünf

Staffeln mit 62 Episoden für das japanische Fernsehen umgesetzt wurde. Die Serie folgt einem 50-jährigen fiktiven (aber realistisch dargestellten) Geschäftsmann bei seinen Solo-Mahlzeiten im Restaurant. Gorō Inogashira arbeitet als Importeur für europäische Möbel, aber was er da genau tut, ist für den Plot ungefähr so nebensächlich wie die mit groben Mistgabeln gehäkelten Handlungsstränge eines gewöhnlichen Pornos. Nur eben mit dem Unterschied, dass es beim »einsamen Feinschmecker« nicht um Sex, sondern um Essen geht.

In einer typischen Folge sieht man Gorō zuerst ein paar Minuten lang in einem Meeting mit einem Kunden, manchmal klappt der Deal, manchmal nicht – aber immer bekommt er dabei derart rasenden Appetit, dass er sofort ein Restaurant aufsuchen muss, wo er sich dann für die knappe halbe Stunde Restfolgenzeit durch Tempuraberge, Sushiplatten und akkurat angerichtete Reiskegel frisst. Und zwar mit unbewegtem Seriösgesicht, aber dafür der ganzen Klaviatur an Schlürfs, Schmatzern und Grunz-Geräuschen, die man beim Essen von sich geben kann, wenn es einem wirklich, wirklich gut schmeckt. »Kodoku no Gurume« ist eine bizarr linkische, ungelenke Serie, aber vielleicht regt sie tatsächlich Menschen an, auch einmal selbst alleine essen zu gehen.

Wer den Solo-Restaurantbesuch gemeistert hat und langsam Gefallen daran findet, alleine ins Kino zu gehen (meine bevorzugte Art, Filme zu sehen, seit ich vor vielen Jahren einen regelmäßigen Kinopartner hatte, der sich nach einem Drittel des Films ungeachtet seiner Qualität stets schnaubend im Sitz hin- und herzuwerfen pflegte wie ein gestrandeter Asthma-Wal), kann dann auch einen Einzelurlaub wagen. Es ist wirklich nicht so schwer, eigentlich Einsamkeit für Anfänger: In einer fremden Stadt oder einem anderen Land fühlt man sich schließlich ganz natürlich zuerst einmal etwas verloren, auch wenn man zu mehreren unterwegs ist. Ich fühle mich dann immer auf angenehme Weise unsichtbar. Das ist das Schöne am Verreisen. »Es ist leicht, das Leben zu lieben, wenn man im Ausland ist«, schreibt Hannah Arendt. »Wo dich keiner kennt und du dein Leben ganz alleine in der Hand hältst, bist du mehr Herrin über dich selbst als irgendwann anders.« Und es stimmt ja: Wo einen niemand kennt, kann man sein, wer man möchte. Oder, wie es »A Vogue Girl's Guide to Travelling alone« formuliert: »Alleine Urlaub machen hat etwas Unerschrockenes an sich. Du bist Jeanne Baret, die erste Frau, die die Erde umkreiste (1766, auch wenn sie sich dabei als Mann verkleidete). Du bist Lady Hester Stanhope, die im frühen 19. Jahrhundert die Wüsten des Mittleren Ostens erkundete, auf einem Araberhengst reitend, ein Schwert umgeschnallt.« Ich mag beide Anregungen für Urlaubs-Persona, in die man für ein paar Tage außerhalb seines täglichen Trotts schlüpfen kann. Allerdings bin ich ziemlich sicher kein Vogue-Girl, und ich bräuchte schon all meine Phantasie und eine Schachtel Schnapspralinen, um mich in die Rolle einer stolzen, berittenen Wüsteneroberin zu zwängen, während ich in beuligen Jogginghosen durch schmatzende Nordsee-Wattlandschaften stapfe (glamouröser wird es bei mir im Urlaub gerade nicht, weil ich nicht ohne meinen Hund verreisen will).

Aber ich brauche ohnehin keinen ermunternden Schubs, um alleine loszufahren. Ich würde liebend gerne im Schloss Solitude urlauben – für mich der schönste Residenzname überhaupt – und bin immer noch beleidigt, dass man in diesem Stuttgarter Prunkgebäude nicht wohnen darf. Wenn ich den Namen der Reisebuchreihe »Lonely Planet« lese, denke ich jedes Mal ganz kurz: Schön wär's. Und ich kann aus dem Stand ausufernd darüber ranten, dass es einem bei der Planung oft unnötig schwergemacht wird, alleine zu reisen. Ferienwohnungen sind stets mindestens für zwei, oft sogar für vier Personen ausgelegt, also wird es direkt teurer. Bei der Einreise in die USA musste ich für die misstrauischen Grenzbeamten bis jetzt jedes Mal plausible Erklärungen erfinden, warum, du liebe Güte, ich denn alleine unterwegs sei. Ein von mir erfrischend ehrlich angelegtes »I don't like people« wurde seinerzeit in Miami leider nicht sehr goutiert. Ein Freund erzählte mir einmal, dass er in dieser Situation gerne behauptet, er würde zu einer Hochzeit reisen, und zwar, um die Lüge plastisch auszukleiden, ausgerechnet zu meiner, und das wäre natürlich feinstes Romantische-Komödien-Material, wenn die Einreisebeamten beim zehnten Mal dann langsam misstrauisch würden, ihn verhafteten und nur wieder freiließen, wenn ich *tatsächlich* in New York jemanden heiratete, den ich hastig am Busbahnhof casten würde, um meinen Freund zu retten, aber dann natürlich überraschend BIG LOVE.

Der Grund dafür, dass ich so gerne alleine verreise, ist schnell erzählt und für mich derart plausibel, dass ich nicht verstehen kann, warum sich diese Reiseform nicht längst allgemein durchgesetzt hat: Ich muss niemanden fragen, was er heute denn so machen/sehen/essen will, mich um keinerlei Befindlichkeiten, Mimösereien und Stimmungsschwankungen außer meinen eigenen kümmern (damit bin ich in der Regel voll beschäftigt). Absolute Selbstbestimmtheit olé! Das passiert im normalen Erwerbstätigenleben so selten, dass man leicht vergisst, wie absolut hervorragend ein solcher Zustand sein kann.

Wenn ich früher zu zweit in Konzerte ging, deren Besuch ich meistens vorgeschlagen hatte, fiel ich nach den ersten drei Liedern stets in die Rolle eines verunsicherten Vogelbeobachters, der das undurchsichtige, sparsame Mienenspiel einer Buntfuß-Sturmschwalbe zu lesen versuchte: Mir gefällt es, aber gefällt es ihm auch? Scheiße, ich glaube, es gefällt ihm nicht, jetzt gefällt es mir gleich auch nicht mehr. Oder gefällt es ihm doch? Er hat gerade so geguckt und ein kleines bisschen mit dem Arm gezuckt. Ich hoffe SO, dass es ihm gefällt! Oje, jetzt hat er gegähnt. Hofft wahrscheinlich, dass es bald vorbei ist. Stimmt schon, es ist wirklich nicht so toll. Schreckliche Band, eigentlich.

Ein Konzert ist nach zwei Stunden vorbei, bei gemeinsamen Reisen dehnte sich diese angespannte Grundhaltung bei mir dann über mehrere Tage. Weil ich gerne die Hauptplanung übernehme, Hotels aussuche, Ausstellungen, Restaurants und Konzerte recherchiere, die man besuchen könnte, fühlte ich mich logischerweise auch als Hauptbeschwerdeanlaufsstelle, wenn etwas in echt anders aussah als auf Tripadvisor. »Complaints – it's my department!«, sang ich mir zum Trost im Kopf mein Lieblingslied von den Sparks vor, wenn wieder einmal gemöppert wurde, weil das Super-Airbnb-Schnäppchen überraschenderweise außer von uns beiden noch von sechs japanischen Giggeltouristinnen bewohnt wurde (statt, wie in der Anzeige angegeben, von der angeblichen Hauptmieterin, der wahrscheinlich nichtexistenten »Yogalehrerin Debby«).

Ich gebe zu, dass mein Begleiter in New York etwa drei Stunden duldsam zuschaute, wie ich begeistert am Straßenrand stand und der jährlichen Verkleidete-Hunde-Parade des größten Tierheims der Stadt zujubelte, die ich dank meiner jahrelang trainierten Rechercheskills ausfindig gemacht hatte (mit Mensch-Hund-Lookalike-Wettbewerb, zu gut!). Aber es ist auch wahr, dass ich mir auf derselben Reise die geführte Tour durch Chinatown verkniff, auf der man unter Anleitung eines examinierten Tierpräparators in den Mülltonnen der Chinarestaurants nach brauchbaren Tierteilen tauchte, die man dann zu einem Patchwork-Mutantentier zusammenflicken würde. Leider grauste meinem Mitreisenden davor.

Statt mir – wie sonst – ständig vorzukommen wie eine Hilfsreiseleiterauszubildende bei der Zwischenprüfung, fühlte ich mich bei meiner ersten großen Alleinreise fast hippieesk befreit. Ich schaute mir kauzige Dinge an, ich warf Tagespläne über den Haufen und mein Geld für sinnlos teure Dinge hinaus, ich verplemperte Zeit mit Nebensächlichkeiten und verpasste strahlend die Hauptattraktionen, ich riss mich nicht zusammen, wenn ich müde war. Ich musste nicht schneller gehen, um zu jemandem aufzuschließen, und nicht stehen bleiben, um auf jemanden zu warten, ich kehrte in völlig überkandidelten Restaurants ein, weil mir beim Blick durchs Fenster die Tapete so gut gefiel, ich benahm mich mal wie ein diplomierter Snob, dann wie ein naiver Gimpel, und ich hatte die beste Zeit überhaupt.

Neulich erstellte ich bei einer langen Bahnfahrt auf den Rückseiten meiner gesammelten Spesenbelege, die ich eigentlich in diesen stillen Stunden sortieren wollte, eine Liste der schönsten Orte, die ich alleine auf Reisen besucht habe, und die zu zweit deutlich weniger schön gewesen wären.

1. Der Buchladen »Voltaire & Rousseau« in Glasgow. Eigentlich ein begehbares Jenga-Spiel, errichtet auf schwankenden Bücherstapeln, zwischen die man vorsichtig seine Tritte setzen muss. Ich las mich in einem Buch über »Practical Goat Keeping« fest, bis die Ladenkatze so tief auf meinem Schoß schlummerte, dass ich noch eine halbe Stunde länger bleiben musste.

2. Die Treppen und Steilstraßen in Porto. Ich habe eine sehr schlechte Kondition, und ich schaue mir gerne ausführlich verrottende Häuserfassaden an. Weswegen ich in der portugiesischen Bergauf-bergab-Stadt am allerbesten in meinem eigenen, ungehetzten Verschnauferhythmus mit zahlreichen Nata-Törtchenpausen vorankomme – oder eben nicht vorankomme. Die reibungslose Synchronisation mit einem Reisepartner ist dabei theoretisch möglich, aber unwahrscheinlich.

3. Die chillaxenden Seelöwen am Pier 39 in San Francisco. Ja, sie stinken. Ja, ich rieche es auch. Nein, es stört mich nicht, geh du ruhig schon voraus, ich bleibe noch ein bisschen.

4. Der »Souk des Babouches« in Marrakesch. Auf der Basarsuche nach den perfekten blassblauen Lederschlappen kann man keinen mitgeschleppten Ballast gebrauchen, denn das kann sich erstaunlich lang hinziehen. Beim anschließenden Frühabendgetränk auf der Terrasse des Café de France bin ich auch lieber

alleine, weil ich mich in Marrakesch gerne als schwerhörige Französin ausgebe, um ungestört die immer viel zu lauten Gespräche sich unbelauscht wähnender deutscher Touristen abzuhören. Ein Begleiter würde das Auffliege-Risiko verdoppeln.

5. Der Käseladen »Country Cheeses« in Tavistock, England. Ewig lange kann man sich hier durch Little Stinky, Sloe Tavy und Bakesey Meadow durchprobieren, Sorten, bei denen auch der kenntnisreichste Käseverkoster fragend die Nase kräuselt, denn diese Käsekreationen gibt es nur hier. Und wenn ich mir im Anschluss eine der imposanten mehrstöckigen Schimmelkäsetorten kaufen möchte, die hier sonst für Hochzeiten gefertigt werden, um sie im Anschluss ganz alleine aufzufressen – wer sollte mich daran hindern?

Wenn ich alleine reise, verwandele ich mich in den Mann, der sich – »keine Kompromisse!« – in der Bierwerbung rücklings in die Düne fallen lässt. Da quengelt ja auch niemand, dass er nachher nicht alles sandig machen soll im Hotelzimmer oder dass er jetzt gefälligst von der Düne runterkommen müsse, damit man nicht zu spät kommt zum Herings-All-you-can-eat in der urigen Käptens-Kate. Dieses Freiheitsgefühl kann ich auch an ganz profanen Orten spüren, selbst an der grindigsten Autobahnraststätte. Eine Wochenzeitung schickte mich mal auf die herrlichste

Recherche seit langem: Ich sollte drei Tage die Autobahn nicht verlassen und mich in dieser Zeit so tief wie möglich in das Mysterium Raststätte einfühlen. Natürlich alleine. Ich saß am Linumer Bruch, das klang geheimnisvoll und konnte allerhand bedeuten, von einer betörenden Waldlichtung bis zur komplizierten Unterschenkelfraktur. Es war wenig los, drinnen standen die leeren braunen Clubsessel aneinandergedrängt wie schüchterne Schafe, draußen saßen zwei Familien und aßen Grillwürste. Ich setzte mich mit meiner Orangenlimo an den Nebentisch und knabberte eine Ecke Schokakola, aufpeitschende, koffeinhaltige Schokolade, früher gern von Bomberpiloten, heute von LKW-Fahrern gesnackt, und ich war sehr, sehr zufrieden.

»Vielleicht trösten uns traurige Bücher am besten, wenn wir traurig sind, und vielleicht sollten wir zu einsamen Tankstellen fahren, wenn wir niemanden haben, den wir festhalten und lieben können«, schreibt Alain de Botton in »Die Kunst des Reisens«. Ich sage: An Raststätten bekommt man am eindrücklichsten vorgeführt, dass diejenigen, die man halten und lieben kann, auch genau dieselben sind, die man am liebsten an Ort und Stelle aussetzen und dann davonbrausen möchte. Nirgends geben sich Menschen so wenig Mühe, diese Gefühle füreinander zu verbergen. Man muss ungefähr zwölf Mäuse in einen Stiefelkarton sperren, bevor sie durchdrehen, bei Menschen reichen zwei in einem Auto. Die Hölle, das sind die Beifahrer.

Ich liebe Raststätten, weil sie eine andere Zeitrechnung haben. Es sind die Stellen, an denen Reisende und Rollende kurz die Pausentaste drücken, wo sie für eine kleine Weile zu einem Standbild einfrieren, wie ein bufferndes Video bei schlechter Internetverbindung. Außerdem las ich einmal im leicht angekauzten Eso-Führer »Magische Orte in Bayern«, an Raststätten könne man die Kraft des Universums besonders stark spüren, das erkläre sich ja ganz einfach aus physikalischen Gesetzmäßigkeiten: Weil der Verkehr aus zwei entgegengesetzten Richtungen aneinander vorbeirauscht, funktionierten diese gegenläufigen Energien wie ein Reibungsdynamo. Ich saß drei Limos, eine Pommes und ein Nucki Erdbeer lang am Linumer Bruch, als ich mir sicher war: Langsam spüre ich auch schon was.

Autobahnraststätten sind Nicht-Orte, wird gern geschrieben, wenn jemand über das Wesen dieser Anspül- und Auffangbecken entlang der großen Straßen nachdenkt. Der französische Philosoph Marc Augé hat sich diesen Begriff ausgedacht und beschreibt damit Flughäfen, Bahnhöfe, große Hotels, Durchschleuse-Stationen und Durchgangsräume, in denen Menschen aufeinanderträfen, sich aber nie wirklich begegnen würden. Der einzelne Mensch sei dort nur formal Teil eines gigantischen Reisenden-Rudels, tatsächlich aber schrecklich allein. Stimmt nicht, finde ich nach guten zwei Stunden Raststätten-Observation: Selten konnte ich die Menschen um mich herum so intensiv und ungestört studieren wie hier, wo sich ganze Familienstrukturen bereitwillig für blitzsoziologische Mutmaßungen vor mir auffächern.

Da sind die quengelig fiependen Kinder am Greifarm-Abzockautomat, die die Mutter (mit nachlässig unter den Arm geklemmtem Yorkshire-Terrier) hastig zum Hartgeld-Wechseln an die Kasse schickt: »Schnell, sonst kommt der Papa, dann geht es nicht mehr.« Oder die Familie aus Vater-Mutter-Teenagertöchtern, sämtlich mit hochgekrempelten Jeanshosenbeinen, toastbrotbraun und mit leicht großzahnig-hanseatischen Dauerlächelgesichtern, die sich einen großen Teller Pommes teilt. Der Mann hat seine nackten Füße auf den Beinen der Frau abgelegt, es ist ein bisschen unappetitlich, wie sie vertraulich seine nackten Zehen befühlt, als suche sie den richtigen Griff auf einer Panflöte. Die beiden Töchter gehen Softeis kaufen, und die Eltern machen Grinse-Pause. »Es ist ganz schön scheiße«, sagt die Mutter. »Immer diese Hoffnung zu haben, dass sich was geändert hat.«

Raststätten sind Orte, an denen man sich überlegt, wie der Weg weitergeht, welche Strecke noch vor einem liegt, und das kann man ruhig auch metaphorisch sehen. Wo kommen wir her? Wo fahren wir hin? Und: Wen wollen wir mitnehmen auf die Reise?

Später, im Rasthaus Stolpe, entdecke ich eine zweifellos ausgesetzte CD. Zwischen den Werken des Duos »Fantasy« und den schönsten Erfolgen von Helmut Lotti liegen in der Ramschecke des Tankstellen-Shops die Peel-Sessions von Joy Division, ohne Preiskleber. Wie passen sie hierher? Hat sie jemand hier zurückgelassen, um vor den damit vielleicht verbundenen Erinnerungen davonzubrausen? Ich kaufe sie, dank des aberwitzig überteuerten Preises ging das fast schon als Kunstaktion durch, um später, wenn es dunkel geworden war und ich weiterfahren würde, zu »Love Will Tear Us Apart«, wummernd laut aufgedreht, durch die Nacht zu brausen. Manche Leute glauben ja, es lohne sich schon nicht, nur für sich alleine groß zu kochen. Ich finde: Auch wenn keiner zuschaut, sollte man die ganz dick aufgetragene Pathos-Aktion nicht scheuen.

Natürlich, manchmal fände ich es schön, ein Erlebnis zu teilen. Wie damals auf dem winzigen, entschieden unangemeldet wirkenden Flohmarkt in Sofia, wo ich einem Straßenramscher ein Bild von Winston Churchill in einem schnörkeligen Messingrahmen und die bulgarische Pressung des Erfolgsalbums »Comment ça va« der niederländischen Bubenband The Shorts abkaufte, die ich mir unter den Arm klemmte und weiterspazierte. In einer bröckeligen Markthalle kaufte ich mir ein Stück Pizza mit Erbsen und Bohnen darauf, und während ich den ersten Bissen nahm, klang über den knackenden Lautsprecher, der bislang bulgarische Versionen vage bekannter Charthits gedudelt hatte, tatsächlich und wahrhaftig: »Comment ça va«, ein Lied, dass ich seit wahrscheinlich zwanzig Jahren nicht mehr gehört hatte (und das letzte Mal, als ich auf einer Studentenparty den sogenannten DJ so lange belämmerte, bis er es, blanker Hass in seinen Augen, für mich spielte). Ich setzte mich auf die Stufen vor der Markthalle und erwartete die sofortige Ankunft der apokalyptischen Reiter, so magisch war dieser Moment. Wahrscheinlich gut, dass ich ihn nicht teilen konnte, denn zu zweit erlebt wäre daraus vermutlich erst ein Running Gag für die nächsten Tage geworden, und irgendwann dann eine abgegrabbelte Erinnerung, die man bei jedem Wiedersehen mit dem inzwischen deutlich entfremdeten Reisegenossen von damals erleichtert immer dann hervorkramt, wenn man nicht mehr weiß, was man sagen soll, weil die einstige Liebe, Freundschaft oder was auch immer doch längst weggeblichen war wie ein altes Foto, das zu lange in der Sonne gelegen hatte (ja, ich bin eher pessimistisch, was die Halbwertszeit menschlicher Beziehungen aller Art angeht). Alleine erlebt, gehört die Shorts-Geschichte auch mir ganz alleine, unbesudelbar in einer Nebenhirnwindung weggekramt.

Manchmal kommen in diesen magischen Reise-Momenten allerdings durchaus auch andere Menschen vor, mit denen ich irgendwo für eine kleine Weile auf besondere Weise verbunden war. Zum Beispiel der Taxifahrer in San Francisco, der in seinem Kassettendeck ein selbst aufgenommenes Mixtape mit lauter Liedern abspielte, in denen San Francisco oder zumindest Kalifornien sehr schlecht wegkommen, weil er die ewige Verherrlichung satthabe – das war sein Hobby, er sammelte diese Schmäh-Lieder. Erst dachte ich, ich hätte ihn nur falsch verstanden, zu schön erschien mir, was ich da vermeintlich gehört hatte. Doch zunehmend muffiger erklärte er mir nun sein Hasslied-Hobby im Detail, seine Galligkeit ein wahres Labsal nach einer Woche toastbrotbrauner Feixfexe um mich herum. Am Ende sangen wir zusammen »California Girls«, nicht das Lied von den Beach Boys, sondern das von den Magnetic Fields, bei dem es am Ende der Strophe immer wieder heißt: »I hate California Girls.« Es sind Momente wie diese, die mich dann doch immer wieder auf der Stelle mit der gesamten Menschheit versöhnen.

»Loneliness adds beauty to life«, schreibt Brian Ratty. »It puts a special burn on sunsets and makes night air smell better.« Und es stimmt, finde ich, als gebe es für einsame Reisen einen besonderen, crispen Filter, der einen manche Momente schärfer und klarer erleben lässt, damit man alles auch gut mitbekommt. Weil es ja niemanden gibt, den man hinterher fragen könnte, wie das denn nun noch mal genau gewesen sei. Ich kann mich zwar nicht mehr so ganz erinnern, was damals genau in Paris passierte, ob ich froh war oder traurig, weil vier Tage lang nichts Besonderes passierte. Aber wie an einen dutzendfach gesehenen Lieblingsfilm erinnere ich mich an die verrüttelte Fahrt im Nachtzug, auf den lächerlichen Brettpritschen und mit den lauthals vögelnden Sextouristen im Nebenabteil, gegen deren schrille Quiekerei der fremde amerikanische Schauspielstudent auf der Pritsche gegenüber im gelben Dämmerlicht lautstark Shakespeare deklamierte, um die Grunzerei zumindest ein wenig zu dämmen, akkustisch und gefühlsmäßig. Nach drei Akten Julius Cäsar – ich durfte mir aussuchen, welchen Shakespeare er aufsagen sollte, und ich wünschte mir den Marcus-Antonius-Monolog, weil er bei Lady Macbeth etwas wackelig war – war ich leicht verschossen.

Vom Shakespeare-Aufsager blieb mir am Ende nur ein hinterlassener Fetzen vom Reservierungszettel, auf den er mir als Abschiedsgruß »For who so firm that cannot be seduced?« geschrieben hatte, weil er irgendwann ausgestiegen war, als ich noch schlief. Echte, schwülstige Reiseromantik, die man in sein Tagebuch kleben könnte, wenn man eines hätte.

Ein Solo-Reiseziel für Fortgeschrittene, das ich unbedingt noch einmal alleine besuchen möchte, ist eine möglichst einsame Insel. Klar, sie ist das Xanadu für jeden Menschen, der nicht sonderlich erpicht auf den Kontakt mit anderen ist. Endlich ein Ort der Ruhe, auf dem man sich mangels Ablenkung mühelos auf das Wesentliche konzentrieren kann: auf sich selbst.

Dabei finde ich allerdings die Idee eines einsamen, komplett von allem anderen abgeschnittenen Eilands noch viel interessanter als das konkrete Reiseziel selbst, weil es einfach so gut als Metapher taugt. In meiner Hamburger Lieblingskneipe »Na Und« drückte ich zu Beginn jedes Abends gerne drei Jukebox-Lieder in zeremoniell festgelegter Reihenfolge: »Devil in Disguise« von Elvis, für mich meine persönliche Einmarschhymne und Titelmelodie – wenn ich meine eigene Serie bekäme, dann bitte mit diesem Anfangs-Theme, das im Vorspann zu einem spaßigen Zusammenschnitt meiner verschlagensten Szenen liefe. Zum Beispiel, wie ich einem langweiligen Date bei jedem seiner Klogänge ein bisschen Schnaps ins Bier kippte, damit er vielleicht lustiger würde. Danach spielte ich gerne das Lieblingslied vom Kneipenwirt, um mich bei ihm anzubiedern: »Die Gefühle haben Schweigepflicht« von Andrea Berg, bei dem er über den ja eh vernachlässigbaren Originaltext so gern seine eigene Version »Das Geflügel hat ein Schweinegesicht« krähte. Dazu tanzte er grinsekatzig hinter seiner Theke und freute sich. Schließlich der Höhepunkt meines kleinen DJ-Sets für mich selbst: »I Am A Rock« von Simon and Garfunkel.

Massive Wände habe er um sich errichtet, berichtet der Sänger in diesem schönen Lied, eine Festung, die niemand je einnehmen könne. Er habe seine Bücher und seine Gedichte, um sich zu schützen. »I am a rock, I am an island«, setze ich stets zum Refrain ein und sang, je nach Tagesverfassung, mal lauter, mal nur in meinem Kopf mit. Bis zum gefühligen Ausplätschern »And a rock feels no pain. And an island never cries« stand meistens schon ganz von selbst mein erstes Getränk auf dem Tresen.

Die populärste Variation des »Ich bin eine Insel«-Motivs lieferte Hugh Grants Charakter Will Freeman in der romantischen Komödie »About a Boy«. Seiner Meinung nach seien alle Menschen Inseln, sagt er in einem seiner ersten Aufritte im Film, der ihn als unsympathischen Egomanen skizzieren soll: »I'm a bloody island! I'm bloody Ibiza!« Leider ändert er später noch seine Meinung, was die eigene Eilandhaftigkeit angeht, und das macht »About a Boy« für mich leider auch schon wieder zu einem Film, von dem ich nur die erste halbe Stunde schauen kann.

Es stimmt nämlich leider nicht, dass es gerade, gesellschaftlich gesehen, eine gute Zeit ist, eine Insel zu sein. Zumindest ist diese Idee nicht mehrheitsfähig. Die meisten Menschen versagen ja schon beim ungefährlichen, völlig theoretischen Gedankenspiel, welche drei Gegenstände sie denn bitte mit auf eine einsame Insel nehmen würden. Gegenstände! Nicht »Menschen, die ich jetzt nennen muss, weil sie sonst beleidigt sind«! Treudoof nennen sie natürlich doch erst ihre Schmusibusis, bevor sie zu Wesentlichem wie feindüsigen Erfrischungswasserspraydosen und einem Bottich Hummus kommen.

Aber das beweist schließlich nur noch einmal abschließend: Sie sind keine echten Inseln. Sondern höchstens die erste von zwei Eiland-Kategorien, die der Philosoph Gilles Deleuze in seinem Aufsatz »Die einsame Insel« unterscheidet: Unfreiwillige Quasi-Inseln nämlich, die eigentlich zum Festland gehören und irgendwann durch rohe Kräfte davon abgetrennt und weggeschwemmt wurden, und echte Inseln, die nie etwas anderes waren als lose Kleinstlandkörper und einfach irgendwann vom Meeresboden emporstiegen. Für mich sind diese geologischen Einlassungen ein schönes Bild, um Alleinmenschen in zwei Gruppen zu teilen: Jene, die ihre Einsamkeit unglücklich macht, weil sie sich einer Gemeinschaft zugehörig fühlen, in die sie gerne wieder zurückkehren möchten, und jene, bei denen Einsamkeit kein unglücklicher Umstand, sondern immer schon Teil ihres Wesens war.«

Welche Insel wäre ich nun eigentlich, wenn Will schon Ibiza okkupiert hat? Ich würde gerne behaputen, ich wäre остров Уединения, auf Deutsch: »Einsamkeit«, eine unbewohnte Insel im Arktischen Ozean, nördlich von Russland, die verwaltungsmäßig zur Region Krasnojarsk gehört. Sie ist 11,5 Kilometer lang und 5,2 Kilometer breit und bekam ihren Namen vom norwegischen Seefahrer Edvard Holm Johannesen, der sie am 26. August 1878 entdeckte. 1996 wurde die Ein-Mann-Wetterstation der Insel aufgegeben, seitdem lebt dort niemand mehr. Das Wetter ist schroff und sehr streng. Packeis frostet остров Уединения im Winter, und selbst wenn es im Sommer mollige null Grad werden, umdümpeln die Insel noch einzelne Eisschollen. Ja, ich würde mir gerne einreden, ich wäre die grimmige, supercoole Insel »Einsamkeit«. In Wahrheit bin ich wahrscheinlich eher die Pfaueninsel im Berliner Wannsee, besiedelt von knallbunten Kreischvögeln. Zwar nicht mehr mit dem Festland verbunden, aber mit extrem regelmäßiger Fährverbindung. So für den Notfall, irgendwie schon auch beruhigend.

Denn natürlich ist Alleinsamkeit unterwegs nicht immer toll. Alleine reisen kann auch richtig ätzend sein. Wenn niemand am Flughafen kurz auf das Gepäck aufpassen kann, das man – weil man eben gerne mit einem Schrankkoffer von der Größe eines New Yorker Hotelzimmers verreist – leider nicht mit in die Klokabine nehmen kann. Wenn man in einem Land mit fremder Sprache alle Radebrechereien selbst durchführen muss, statt sich manchmal zurücklehnen zu können und den anderen stammeln zu lassen. Nicht aber, wenn man drei Tage in Billigbussen durch Europa fährt, denn alleine auf einem Doppelsitz lässt sich diese prekäre Reiseform am besten überstehen.

Ich war diese Reise wider besseren Wissens angetreten, denn natürlich war ich viel zu alt, rückenlädiert und menschophob für eine solch beengte, unbequeme Art des Transports. Aber vielleicht hatte ich mich getäuscht, dachte ich (Spoiler: dümmlicherweise) im ersten Bus, der mich über Nacht nach Wien bringen sollte. Still war es wie im Schweigekloster, der Bus nur mäßig gebucht, jeder Passagier hatte einen Doppelsitz für sich, niemand stank. Auf winzigen Bildschirmen, die kurz nach dem Losrollen aus den Deckenkonsolen geklappt wurden, wurde in einer ärmlichen Parodie auf das Konzept Bordentertainment ein

Film gezeigt, mit krächzendem Ton und Störungsstreifen, die von oben nach unten durch das Bild zitterten. Zu verstehen war nichts, doch zusammen mit Motorenbrummen und leichter Schaukelei ergab das Elektrosurren die perfekte Eindusel-Kulisse. Angeblich schlafen ja auch Babys am allerbesten ein, wenn man sie mit Staubsaugerbrummen beschallt. Ich reckte noch einmal den Kopf nach meinen Mitpassagieren, die sich in vielfältige Schlafpositionen gebettet hatten: die einen mumienhaft aufrecht im Sitz fixiert, die anderen mit bohnensteckensteif quer über den Gang gestreckten Extremitäten. Ich selbst bevorzuge in solchen Fällen die klassische Shrimpstellung, klappmesserhaft zusammengekrümmt auf zwei Sitze verteilt, sorgfältig ausbalancierend, um dabei nicht versehentlich in den eigenen Fußraum zu poltern.

Zum Einschlafen las ich in einem Buch, das mich mit seltenem Neid auf Reisen in Gesellschaft erfüllte: »Die Autonauten aus der Kosmobahn«. Der Schriftsteller Julio Cortázar und seine ebenfalls schreibenden Frau Carol Dunlop fuhren 1982 in ihrem VW-Bus von Paris nach Marseille, ausgestattet mit zwei Reiseschreibmaschinen, und machten dabei an allen 65 Rastplätzen (da waren sie wieder, beste Orte!) der Strecke halt. Pro Tag besuchten sie zwei von ihnen, einen Monat lang verließen sie die Autobahn nicht, unter ihren Code- und Schmusenamen »der Wolf« und »das Bärchen« unternahmen sie eine »Erholungskreuzfahrt auf diesem Monstrum der Geschwindigkeit«. Sie schrieben auf, was sie dort sahen, beobachteten auf dem Rastplatz von Orange-les-Grès das Zeremoniell der gelb-orange uniformierten Müllmänner, die die Abfallsäcke leerten, und andere großartige Petitessen.

Die Raststätte bei der nächtlichen Buspause habe ich prompt verschlafen. Beim Aufstehen knacksten die Knochen wie zerbrechende Salzstangen, als wir morgens um sechs Uhr in Wien ankamen. Und zwar: wirklich ankamen. Das Gefühl, nun tatsächlich woanders zu sein, in einer anderen Stadt, einem anderen Land gar, kann man sich wirklich erfahren, in stundenlanger Schaukelei über die Autobahn, auch wenn das nun klingt wie aus einem Achtsamkeitsratgeber voller Ganzheitlichkeitsschwurbelprosa. Wenn man alleine unterwegs ist, erlebt man das noch viel intensiver, mangels Ablenkungsplapperei.

In Wien machte ich einen Zwischenstopp mit Sozialtankstelle – ich besuchte einen Freund, den ich leider nur selten sehe und der mir schon bei der Begrüßung hocherfreut mitteilte, heute sei Schnapsabend im Lieben Augustin. Es ist, diese Lebensweisheit habe ich mir an vielen Elendstagen teuer erkauft, nur eine mittelprächtig gute Idee, vor einer halbtägigen, umständlichen Busreise nach Polen am Abend vorher haltlos zu trinken. Aber weil ich schon lange nicht mehr mit Freunden ausgegangen war und ein bisschen entwöhnt war, was menschlichen Kontakt angeht, war ich gehypt wie ein zuckerfrei großgezogenes Kind im

Schokoladen-Werksverkauf. Also los in die Wiener Traditions-Grindgaststätte, wo an diesem Abend Karamellschnäpse, Inländer Rum, Becherowka und manch Grausligkeit mehr vergünstigt zum Ausschank kamen. Es war ein schöner Abend, ich führte gute Gespräche über den europäischen Zwiesel und Pikanterien aus der hiesigen Kulturblase. Auch die Wirtin machte munter mit, ihre Verzehrstrichliste wurde immer mehr zum eigenen Trunkprotokoll, ein wirres Gekrakel wie aus dem geheimen Irrsinnskämmerchen eines Serienmörders. Ich fand den durchweichten Zettel in meiner Jackentasche, als ich ein paar Stunden später nach meinem ausgedruckten Buchungsbeleg kramte. Der Wiener Busbahnhof lag am Südtiroler Platz, die pittoreske Bezeichnung blanker Hohn natürlich, um mich herum nur Tristesse und Altglas.

Im Bus presste ich die heiße, pochende Stirn an das kühle, kühle Leder meiner Vordersitznackenstütze – es war ein Gefährt aus der Flotte eines polnischen Anbieters, ferrarirot bezogene Sitze, ich war gerührt vom Versuch, eine Elendsbusreise irgendwie jetsetmäßig zu verkleiden. Der Bus war mäßig besetzt, die offensichtlichen Paare teilten sich trotzdem einen Doppelsitz, statt sich bequem auszubreiten, als wären sie über eine sehr schwache Bluetooth-Verbindung miteinander vernetzt, die nur hält, wenn sich keiner weiter als einen halben Meter vom anderen wegbewegt. Ich sah mir lieber die anderen Alleinreisenden an.

Schräg hinter mir saß ein fusselbärtiger Jungmann, der auf seinem Handy SMS von dostojewskischen Ausmaßen verfasste, UND ZWAR MIT EINGESCHALTETEN TASTENTÖNEN. Eek, eek, eek, so tippte er mit hamsterhafter Emsigkeit vor sich hin, das Mobiltelefon wie eine Nuss zwischen seinen spinnrigen Fingern, sich dabei von Zeit zu Zeit hastig umsehend. Ein reisender Kauz, eine durchaus verbreitete Mitfahrer-Untergruppe.

Wie schauen uns die Welt zwar mit unseren eigenen Augen an, doch unser Blick wird gelenkt von den Menschen, mit denen wir unterwegs sind. »Wir sind ganz damit beschäftigt, auf die Fragen und Bemerkungen unseres Begleiters zu achten, und wir bemühen uns, normaler zu wirken, als für unsere Neugier gut ist«, schreibt Alain de Botton. Im Elendsbus mit den Pornobezügen saß niemand neben mir, der meine gut bemuskelte Neugier hätte maßregeln können, und so ging ich trotz Augustin-Kater glänzender Laune meiner liebsten Beschäftigung auf Reisen nach.

Ich interessiere mich nämlich aktiv für meine mir unbekannten Mitreisenden, und mit aktiv meine ich: Ich betrachte sie aus der Ferne, mache mir meine Gedanken und meide den Kontakt. Unterwegs nach Krakau zimmerte ich mir fünf geräumige Schubladen für sie zurecht: Klassisches Fernbusklientel waren beispielsweise die Futter-Rentner, die vermutlich fürchteten, aufgrund leichtfertig unterschätzter Reisezeit unterwegs an Auszehrung zu sterben und darum den Großteil der Fahrt ausgiebig vesperten, um die abgefahrenen Kalorien wieder aufzufüllen, wobei sie ganz klassisch Eigeruch und den fahlen Duft von Wurstwasser verströmten – werde ich einmal eine Duftkerze mit der Note »Reisebus« auf den Markt bringen, wird sie genau so riechen. Vor allem bei starker Hitze und wendigem Straßenverlauf findet sich in vielen Bussen weiterhin der Kotzkandidat, der trotz seiner bekannten Neigung zur Reiseübelkeit zwanghaft immer wieder ausgedehnte Busfahrten antritt. Er ist leicht an seiner elaborierten Übelkeit-Wegatme-Technik zu erkennen, bei der er wieder und wieder die Backen aufbläst, als spiele er eine unsichtbare und unhörbare Trompete. In meinem aktuellen Bus konnte ich auf den ersten Blick keinen Mitreisenden dieser Kategorie ausmachen, aber wir waren auch noch nicht sehr lange unterwegs.

Einer der gefährlichsten Co-Passagiere ist der oder die kontaktfrohe Alleinreisende, dem oder der man nicht in die Augen sehen darf, ähnlich wie bei einem Hund mit zweifelhaften Absichten. Mit dem Unterschied, dass einen der/die Alleinreisende bei versehentlichem Augenkontakt nicht überschwänglich abschleckt / in Stücke reißt, sondern aufdringlich mit seiner oder ihrer oft sehr langweiligen, immer aber sinnlos ausführlich dargebotenen Lebensgeschichte behelligt. Mir vergällte eine kontaktfrohe Alleinreisende einmal eine fünfstündige Zugfahrt mit detaillierten Schilderungen darüber, wie sie sich auf einer Pilgerreise nach

Lourdes in den begleitenden Pfarrer verliebt hatte und was jedes einzelne Mitglied ihrer umfänglichen Verwandtschaft davon hielt. Für meine eigenen, ebenfalls durchaus anzüglichen Lourdes-Erlebnisse hatte die geschwätzige Vettel dagegen kein Ohr.

Ungefährlich für Dritte ist die nächste Reisenden-Kategorie: die schon erwähnten sitzteilenden Klammeraffen, die sofort sterben, wenn sie für ein paar Sekunden den Körperkontakt zu ihrem geliebten Mitreisenden verlieren. Man kennt diese penetranten Schmuser von Konzerten, auf denen sie einem statisch umschlungen im Weg herumstehen. In Bussen liegen sie meist irgendwie aufeinander wie eine sehr kleine Erdmännchenkolonie und behelligen einen nicht weiter. Im Gegensatz zur fünften Kategorie, den missionierfrohen Sparfüchsen. Sie fahren Bus, weil es so irre billig ist, ein mäßig interessanter Umstand, den sie dennoch unermüdlich und überlaut besprechen wollen – ein endloses Dampfpalavern über die skandalöse Preispolitik der Bahn, die bizarren Gewinnspannen bei Produktion und Verkauf von Speiseeis, die maximale Aufbrühzahl gewöhnlicher Teebeutel und weiterer grauenhafter Themen mehr.

Ich liebe es, mich eine Busreise lang abwechselnd in sie reinzudenken. Man kann sich selbst aufs entspannendste verlieren, wenn man sich in fremde Leben morpht. Dazu kommt nach zwei Stunden Fahrt eine ungewohnte und angenehme Ahnungslosigkeit, wo man sich gerade befindet, ganz anders als bei diesen hypnotisierenden Flugverlaufsgrafiken bei Langstreckenflügen, auf denen das provozierend unbewegliche, maliziöse kleine Flugzeug einem die noch etwa 1000-stündige Restreisezeit gnadenlos aufs Auge drückt. Wie viele Lieder, wie viele Schicksalsgeschichten werden wohl von angeknacksten Menschen auf endlosen Überlandfahrten verfasst, weil sie endlich einmal Zeit dafür haben und endlich einmal nichts, gar nichts passiert, was von außen von den tosenden Stürmen im Inneren ablenken könnte? Wirklich, andere Menschen stören dabei nur.

Ich konnte mich am Ende dieser Fahrt, der längsten seit ewig, nicht mehr erinnern, wann ich das letzte Mal in solcher Ruhe gedacht hatte. Sehr viel an früher. Wenn das Jetzt kurz Pause macht, kann man zurückspulen, ohne viel zu verpassen. Der Fernbus, er ist ein Melancholiekatalysator. Das schlimmste Klischee zum Alleinereisen ist ja, man unternähme diese Quest, um »sich selbst zu finden«. Für mich klingt das immer, als hätte man sich selbst nur verlegt, gedankenlos verräumt. Bei den besten Reisen habe ich stattdessen das Gefühl, ich bastele an mir selbst, denn in den denkwürdigsten Momenten kommt etwas Neues dazu: Als sähe ich mich vor einem Green Screen, mit wechselnden Hintergründen und Szenarien, die ich anprobieren kann wie neue Schuhe, um zu sehen, ob sie mir passen. Ich habe gelernt, dass ich mehr Glasgow als Barcelona bin. Dass ich länger einfach so aufs Meer schauen kann, als ich dachte. Und – eine ungute Sitzung im Kartoffelkeller des

Saunahofs in Bad Füssing später – dass ich wirklich nicht gerne von fremden, nackten Menschen umgeben bin.

Die kalte Busfensterscheibe, der summende Motor, die durch die Regentropfenscheibe zu einem Jackson-Pollock-Gemälde verstrudelten Straßenleuchten und Autolichter. Manchmal fällt es mir nach einem Ausflug mit mir selbst schwer, wieder in das vorgestanzte Leben zurückzukommen. Ich will gar nicht ausschließen, dass ich diesen Spaß auch mal wieder mit jemandem teile, aber dann muss es anders sein als auf dem schaurigen Instagrambild von Mario Götze, das ich neulich sah. Er steht dabei mit seiner Verlobten Ann-Kathrin Brömmel vor einem Minarett in Dubai. »Discovering wonderful places is even more fun when you do it with the one you love«, hat er oder sein Social-Media-Gehilfe dazugeschrieben. Allerdings entdecken die beiden gerade nicht die Schönheiten ihres Urlaubsortes, sondern sehen sich selbst gegenseitig an. Klar, eine typische Instagram-Marotte, dass man bei Urlaubsbildern mehr vom Urlaubenden als vom Reiseziel sieht. Ich musste trotzdem lange auf das Bild schauen, weil die Pose der beiden so sonderbar ist. Sie fasst ihn zögerlich in Richtung Schulter an, er berührt sacht ihren Ellenbogen, man könnte sie in dieser Position gut in einen Supermarktgang photoshoppen, wo sich zwei Fremde versehentlich in die Quere gekommen sind: Jetzt will sie ihn wegschieben, weil sie noch dringend zu den Anchovis muss, und er versucht sie beiseitezubugsieren, um ins Sahnemeerrettichregal fassen zu können. #NoHate an alle von Liebesblödigkeit beseelten Pärchenreisenden, aber ich denke dann immer an zwei Liedzeilen von – immerhin passend – Kitschbaron John Mayer, der mit seinem Lied »Your Body Is a Wonderland« das Schmalzliedgenre der Geographie-Erotik erfand. Aber er hat auch helle Momente. »Don't be scared to walk alone«, singt er in »Age of Worry«, »don't be scared to like it.«

DIE SACHE MIT DEM INTERNET

Das Internet ist meine Bettdecke. Wenn jemand käme, und es mir wegnähme, vielleicht mit einem beherzten Heckenscherenschnipp das Routerkabel kappte, wie man schläfrigen Faulbären ja am effektivsten mit einem einzigen Ruck das Plumeau wegzerrt, würde ich vielleicht tatsächlich endlich aufstehen, rausgehen, unter die Leute – die so genannten ECHTEN Leute, nicht nur unter ihre jederzeit wegklickbaren und darum weit weniger verbindlichen Digitalversionen. Vielleicht könnte man mich so ausräuchern, mir nachweisen, dass dieses ganze »Ich bin so gerne alleine, ich brauche keine Menschen«-Getue doch nur eine eingebildete Pose ist, weil mich das Internet die ganze Zeit ja ohnehin mit Menschenkontakt frei Haus versorgt. Ich drehe den Wasserhahn auf und stille mein Bedürfnis zu trinken, ich schalte das Internet an (als ob es jemals abgeschaltet wäre!) und stille mein Bedürfnis, von anderen Menschen *gesehen* zu werden, von ihnen bestätigt zu bekommen, dass ich existiere.

»Das Internet« ist dabei eine tantenhafte Übertreibung, denn eigentlich geht es mir dabei nur um den kleinen Social-Media-Teil davon. Facebook, Twitter, Instagram und ihre bucklige Verwandtschaft haben großen Anteil daran, dass dem mainstreamig lebenden, jungen bis mitteljungen Muster-Menschen die einsamen Momente im Leben immer mehr flöten gehen. Kann sich noch irgendwer erinnern, was wir früher auf sechsstündigen Bahnfahrten gemacht haben? Man imaginiert bei dieser Frage ja schnell elfernbeinerne Züge voller geschniegelter Mobilfeingeister, die mit manikürten Fingern in prachtvoll folierten Erstausgaben blättern, jede Reise auch eine Suche nach der verlorenen Zeit, man hatte eigene kleine Köfferchen aus weichem Saffianleder, um darin die Lektüre zu transportieren – nein. Nein, so war es leider wahrscheinlich doch nicht gewesen, und vermutlich haben wir die überschüssige Zeit einfach damit totgeschlagen, noch viel mehr hartgekochte Eier zu essen.

Heute sind wir immer eine Wolke, auch wenn wir – streng physisch gesehen – gerade einmal ganz alleine sind. Social Media ist in all seinen Ausformungen der schlimmste Einsamkeitsausrotter, den es gibt. Zumindest sieht es auf den ersten Blick so aus. Facebook, Twitter, Instagram und ihre kleineren, nischigen Varianten halten uns allezeit beschäftig und an der lockeren Leine, solange wir das Smartphone in der Tasche haben. Alleine sein, aber mit 435 Facebookfreunden in Greifnähe, das fühlt sich an wie damals als

Jungjugendlicher, als man im Garten der Eltern zeltete statt im wilden Wald, damit man, falls es nachts doch zu gruselig wurde, schnell ins sichere Haus huschen konnte. Wir verlieren nicht nur unser Gefühl für ereignislos verstreichende Zeit, wir verlernen auch unsere Fähigkeit, sie einfach so auszuhalten, ohne Bildchen, ohne Textchen. Wenn ich, über meinem Handy zu einem Croissant gekrümmt, im Zug sitze und meine ebenfalls leicht eingerollt mit ihrem Handy beschäftigten Mitfahrer betrachte, muss ich immer an das gruselige Gedicht vom buckligen Männlein denken, vor dem ich als Kind so viel Angst hatte. Überall, wohin das arme Erzählerkind in diesen Versen auch geht, überall steht schon besagtes buckliges Männlein da, und genauso verfallen Menschen überall sofort in die typische, leicht krummschultrige und knickhalsige Handystarrhaltung, wenn kurz mal ein paar Minuten lang nichts passiert.

Deswegen wunderte ich mich, als ich eine Einsamkeitsstudie des Marktforschungsinstituts Harris Interactive las und soziale Medien (oder auch nur das Internet, ganz allgemein) in der Liste möglicher Bewältigungsstrategien gar nicht vorkam. Deutschland wird immer einsamer, hatte die Studie mal wieder herausgefunden, nur ein Drittel der 1200 Teilnehmer im Alter von 16 bis 85 Jahren fühle sich »überhaupt nicht einsam«. Innerhalb der Altersgruppe von 40 bis 49 Jahre ist der Anteil schwerer Einsamkeit demnach am höchsten. Die meisten traurig Alleinen schalten den Fernseher ein, um damit klarzukommen, hat die Studie herausgefunden, etwa die Hälfte schaut dann Serien und Shows, fast genauso viele lesen oder hören Musik. Kaum vorstellbar, dass keine repräsentative Anzahl der Befragten das Internet als Einsamkeitskiller nannte – dafür aber den Schützenverein (9 Prozent), Baldrian (3 Prozent) und Joints (1 Prozent). Dabei kann Social Media nach meinem Empfinden eine echte Hilfe für Menschen wie mich sein, die an vielen Tagen lieber ins Internet gehen als vor die Tür, eine nie versiegende Pipeline für Rudimentär-Kontakte. Mich nerven immer mehr Dinge an diesen Plattformen, aber ich finde Facebook und Twitter immer noch okay, als zwischenmenschliches Grundrauschen. Man darf nur nicht zu viel davon erwarten, zum Beispiel, dass mehr als drei Prozent der 435 Freunde einem tatsächlich in physischer Form beistehen würde, wenn es darum geht, seinen toten Hund in eine viel zu kleine Tasche quetschen zu lassen.

Ob die Menschen einsamer oder weniger einsam sind, wenn sie viel im Internet herumlungern, darüber erscheint quasi monatlich eine neue Studie mit wechselnden Ergebnissen. Im März 2017 befanden Forscher von der University of Pittsburgh, junge Erwachsene fühlten sich umso eher einsam, je mehr Zeit sie in sozialen Medien verbringen. Neben der reinen Onlinezeit sei dafür vor allem die Häufigkeit entscheidend, mit der Facebook, YouTube oder Snapchat besucht werden. Das Forscherteam hatte dafür 1787 US-Amerikanerinnen und Amerikaner zwischen 19 und 32 Jahren befragt. Ihr Ergebnis: Wer sich mehr als zwei Stunden am Tag in sozialen Netzwerken bewegte, hatte eine verdoppelte Wahrscheinlichkeit, sich sozial isoliert zu fühlen, gemessen an jenen Befragten, die weniger als eine halbe Stunde am Tag damit zubrachten. Wer mehr als 58-mal pro Woche Social-Media-Kanäle besuchte, war dreimal stärker gefährdet als jene Menschen, deren Frequenz bei maximal neunmal lag – ich finde es ja immer etwas ulkig, wie man menschliches Verhalten so akkurat in Zahlen messen kann. 58 Facebook-Sitzungen pro Woche sind okay, aber ab dem 59. hast du ein echtes Problem! Allerdings räumten die Wissenschaftler selbst ein, dass sie nicht wüssten, was davon nun Ursache und was Wirkung sei: Macht zu intensive Facebook-Lektüre einsam, oder nutzen einsame Menschen eben besonders lange Facebook?

Im Mai 2017 versuchte sich die nächste große Studie, dieses Mal durchgeführt vom Institut Splendid Research, am selben Thema. Sie kam zu dem Ergebnis, dass sich vier Fünftel der Deutschen zumindest gelegentlich einsam fühlten und dass bei Menschen, die häufiger in sozialen Netzwerken unterwegs sind, dieses Gefühl tatsächlich häufiger auftritt. Allerdings ist auch diese Aussage nicht sonderlich belastbar, denn die intensiven Internetnutzer fallen altersmäßig zum größten Teil in die Gruppe der jungen Erwachsenen, die in dieser Studie ohnehin mit die stärksten Verlassenheitsgefühle hatten: 17 Prozent der Teilnehmer von 18 bis 29 Jahren fühlen sich demnach »ständig oder häufig« einsam, nur jeder Zehnte kennt dieses Gefühl überhaupt nicht. Bei den Mittdreißigern leiden sogar 18 Prozent regelmäßig unter Einsamkeit, allerdings geben in dieser Altersgruppe auch 16 Prozent an, dieses Problem überhaupt nicht zu kennen. Überraschenderweise ist laut dieser Studie für die 60- bis 70-Jährigen Einsamkeit kaum ein Thema: Nur vier Prozent spüren sie »ständig oder häufig«, 31 Prozent ist das Gefühl völlig fremd. Dann sehen wir ja alle einer prächtigen Alterszukunft voller Ringelpiez, verrückten Teegesellschaften und ständigen Übernachtungspartys entgegen. Ich fürchte mich jetzt schon.

Interessanter als irgendwelche Zahlenschiebereien finde ich die vermuteten Mechanismen, mit denen Social Media möglicherweise Einsamkeitsgefühle triggern kann. Gerade in Bezug auf Instagram wird hier auch immer wieder von »Neid« gesprochen: Verliert das eigene Leben an Glanz, wenn man permanent von den perfekten Lichterketten-und-Ranunkeln-Arrangements der anderen geblendet wird, bis man auf die eigene Existenz nur noch durch einen kalkigen Schlierenschleier blickt (wie in der Werbung, in der die Dummerle-Frau die falschen Gläser-Tabs für ihre Spülmaschine verwendet)?

Ich selbst kenne das Gefühl von Neid sehr gut, es nagt besonders heftig an mir, wenn ich sehr reichen Leuten ihren Wohlstand nicht gönne, weil sie zu langweilig und phantasielos sind, damit tolle Dinge anzustellen. Meine elaboriertesten Tagträume handeln davon, was ich mit einem überraschenden Lotteriegewinn von 20 bis 30 Millionen anstellen würde. Obwohl ich ansonsten in Bürokratie- und Rechungswesenfragen eine interesselose Schlamperin bin, habe ich in die prozentuale Projekt-Verteilung meines eingebildeten Reichtums auf langen Bahnfahrten oder bei Gedankenfluchten während uninteressanter Gespräche nahezu vervollkommnet. Es fehlt nicht mehr sehr viel, bis ich zur weiteren Detailplanung das erste Excel-Dokument meines Lebens anlege. Im Gegensatz zu dieser sehr vernünftigen Kalkulationsweise sind die Dinge, für die ich meinen Reichtum ausgeben würde, eher experimentell. Während einer meiner letzten Festanstellungen, bei der ich mich am Ende inmitten einer ganzen Redaktion so verlassen fühlte wie später an keinem Tag im Eine-Person-Homeoffice, hielt ich mich am Ende nur mit der sehr plastischen Vorstellung bei Laune, dass ich absurd viel Geld im Lotto gewinnen, aber trotzdem weiterarbeiten würde – allerdings würde ich den Verlag kaufen, in dem das Magazin erschien, ich würde meine bisherigen Kollegen gut behandeln, aber zwingen, jeden Tag in Hundekostümen zur Arbeit zu kommen. Solche Einfälle würden das Leben viel lustiger machen (meines auf jeden Fall), aber von den wirklich Reichen kommt in dieser Hinsicht ja leider nicht viel. Ich bin neidisch auf sie und ihre ungenützten Möglichkeiten, aber nicht auf die Menschen, die ich täglich in meiner Facebook-Timeline oder meinem Instagram-Feed sehe.

Natürlich führen mir diese Seiten oft vor Augen, dass es da ein Leben gibt, an dem ich nicht teilnehme, dieses vielleicht bessere, schönere, hübscher eingerichtete Leben der anderen, in das ich bei jeden Blick auf meine Pinnwand unaufhörlich meine Nase stecke, wie dieser permanent wippende, gläserne Trinkvogel. Die lustige Schauspielerin Mindy Kaling hat den Generalverdacht, der einem beim einsamen Durchscrollen von Facebook und Instagram beschleichen kann, zum Titel ihres Buches gemacht: »Is Everyone Hanging Out Without Me?« Oft lautet die Antwort natürlich: Ja, das tun sie. Stimmt, sie haben sich wieder verabredet, ohne mich zu fragen, ob ich auch mitkommen will, ich sehe auf den Fotos, die sie posten, und auf denen ich früher auch einmal zu sehen war, dass sie sich prächtig amüsieren. Aber geht es mir automatisch schlechter, wenn es allen anderen bessergeht?

Ich erinnere mich an ein Detail aus meinem zeitweilig aufgenommenen Soziologiestudium: dass sich die meisten Menschen nicht im traurigen, melancholischen November, sondern im Sommer umbringen, wenn alle anderen augenscheinlich fröhlich sind – weil dann der Kontrast zum eigenen Leben unaushaltbar wird. So ähnlich schreibt das Émile Durkheim in seiner berühmten Selbsttötungsstudie, das ist eines von drei Dingen, die ich mir aus diesem Studium gemerkt habe.

Statt Neid habe ich eher eine entgegengesetzte Empfindung: Je näher ich die Menschen in ihrem Online-Gebaren betrachte, je tiefer sie mir Einblicke in ihr Leben und ihren Charakter gewähren wie in einer Sozial-Endoskopie, desto unappetitlicher und weniger erstrebenswert finde ich viele und vieles. Und sehne mich eher nach der »Gnade des Nichtwissens«, wie Sascha Lobo das einmal in diesem Zusammenhang nannte.

Ich hasse schnell, das gebe ich zu. Natürlich ist das kein richtiger Hass, mehr so ein Hobbyhass, ein kleines Hässchen, eigentlich mehr ein Brass. Es braucht nicht viel, dass ich mich über etwas aufrege, was ich auf Facebook sehe, völlig irrelevante Kleinigkeiten, gepostet von Menschen, die mir wirklich egal sind, denen ich nicht einmal die Tür öffnen würde, wenn sie mit meiner Lieblingspizza bei mir schellten, weil ich für sie den Aufwand scheuen würde, eine Hose anziehen zu müssen (das ist nicht kokett gemeint, so ein Mensch bin ich wirklich). Tatsächlich reicht es schon, wenn jemand ein Foto von eben im Kühlregal entdecktem »Craft Beer Käse« postet, und ich mache, obwohl mich zu Hause niemand hören kann, angesichts der Dämlichkeit der Welt zornige Schnaubgeräusche. Viel interessanter als die Frage, ob Social Media die Einsamkeit der Menschen vergrößert, fände ich darum die Forschungsfrage, ob diese Seiten Menschen zu größeren Misanthropen machen – Arbeitsthese: definitiv!

Zwei typische Social-Media-Verhaltensweisen regen mich besonders auf, weil sie einerseits so tun, als könne auf diesen Seiten wirklich so etwas wie eine Gemeinschaft entstehen – und die andererseits gnadenlos ego-zentriert sind, was für mich nichts Schlimmes ist, solange man es offen zugibt. Und sich nicht, wie bei meinem Lieblingsaufreger Nummer eins, zum Beispiel die Social-Media-Trauer um einen prominenten Toten immer noch als gemeinschaftsfördernde Troststiftung schönredet, obwohl sie nach Abschälung aller Traurigkeitsfloskeln doch meist nur ein geckiges Schaulaufen ist. Wenn einer schreibt, wie sehr er die Kunst des Verstorbenen liebt, schon immer geliebt hat, ist das oft nur ein als kleines, sorgfältig bereitgestelltes Trampolin, um ausgiebig von sich selbst zu erzählen: Wie man den Musiker damals auf diesem supergeheimen Geheimgeheimkonzert gesehen hatte, als die anderen noch mit dem Marmeladenbrot in der Hand der Blaskapelle hinterhergelaufen sind. Oder, manchmal würde ich meine Medienblase am liebsten mit einer sehr spitzen, sehr schmerzhaften Nadel zum Platzen bringen, wie man einmal für ein Porträt den Künstler in seinem Heim besuchte und die Hausmamsell einem, während man wartete, so einen schönen Kartoffelstampf gekocht hatte, den besten von allen!

Meine zweite Sorte Hasspostings sind Anfragen an den sogenannten Schwarm. Ich bin absolut überzeugt davon, dass das Leben im Schwarm, also stets umgeben von ansprechbaren anderen, die man nur anzutippen braucht, den Menschen nicht schlauer, sondern dümmer macht, weil das eigene Denken zwangsläufig verkümmern muss, wenn man bei jeder kleinen Denk- oder Googleaufgabe sofort greinend die Gruppe um Hilfe bittet. Seit einiger Zeit sammele ich zu meinem privaten Amüsement in einem eigenen Ordner auf meinem Laptop Urlaubstipps-Anfragen, die Menschen auf Facebook stellen, und nach ausführlicher Analyse sehe ich meine These absolut bestätigt: Es geht steil bergab mit den Faultouristen. Während man vor drei, vier Jahren noch eher Fragen stellte, die nahelegten, dass man sich selbst schon ein paar zumindest grundsätzliche Gedanken zu seiner eigenen Reise gemacht hatte (»Ich bin morgen in Wien und würde gerne Blunzngröstl essen, war jemand schon mal bei ›Drei feiste Schwestern‹ oder in der ›Schmalzhuber-Stube‹ und kann mir sagen, wo es besser schmeckt?«), wurden die Fragen an die Gemeinschaft in den folgenden Jahren zunehmend bräsiger, allgemeiner und leichter googlebar, wenn man sich nur 5 Minuten Zeit dafür nähme. Blödi-Fragen wie »Ich fahre für eine Woche nach Wien, was kann man denn da machen?« werden dann mit korrespondierender Stumpfheit mit Tipps wie »unbedingt ins Kaffeehaus gehen« beantwortet, für deren Offensichtlichkeit sich auch der windigste Reiseführer schämen würde. Inzwischen lese ich allerdings immer wieder Anfragen wie »Hallo, wohin soll ich denn in den Urlaub fahren?«, und da schwenkt das Resthirn des Posters dann müde die Kapitulationsfahne. Sollen die anderen ernsthaft mehr über einen selbst wissen als, nun ja, man selbst? Aber wahrscheinlich, und hier schlenkert die vorgebliche Frage an die Gemeinschaft dann doch wieder den Weg in die Egozentrik-Gasse ein, sind das gar keine wirklichen Fragen mehr, sondern nur die höflich verklausulierte Version von »Ätschebätsche, ich fahre in den Urlaub, und ihr nicht!«.

Wenn ich allerdings ganz ehrlich bin, rege ich mich eigentlich weniger über diese Postings auf als über die Tatsache, dass ich all das ausgesprochen dämlich finde, aber trotzdem mitmache. Ich kann mir noch so überzeugend einreden, dass ich nur deshalb noch bei Facebook bin, weil ich hier meine Windhundbesitzergruppen habe, mit denen ich mich über geeignete Ferienwohnungen und den besten Hundepfotenpflegebalsam austausche. In Wahrheit werde ich doch immer wieder zum Online-Oktopus. Diese Tiere leben im ständigen Austausch mit ihrer Umgebung, – nicht, weil sie das so wollen, sie haben keine Wahl, das Prinzip der Osmose zwingt sie dazu. Das liegt daran, dass die Haut des Tintenfischs eine halbdurchlässige Trennwand nach außen bildet: Ihre Poren sind groß genug, um reines Wasser ungehindert ein- und ausströmen zu lassen, aber klein genug, um die wertvolle und mit wichtigen Nährstoffen angereicherte Flüssigkeit im Innern nicht nach außen sickern zu lassen. Weil das Innere des Tintenfischs »würziger« ist als seine Umgebung, dringt permanent Wasser in ihn ein, um ein Gleichgewicht in den Lösungsverhältnissen herzustellen. Der Tintenfischinhalt wird also permanent verdünnt.

Damit er nicht platzt, muss er notgedrungen Wasser nach außen abgeben.

Und so fühle ich mich auch: Ein Strom von Nachrichten drängt auf mich ein, meistens dünne Stöffchen, Nebensächlichkeiten, nichts, das wirklich hängenbleibt. Mir doch egal, wessen Zug gerade schon wieder Verspätung hat, wer heute zum ersten Mal Bagels selbst gebacken hat oder gerade in Tel Aviv den besten Hummus seines Lebens spachtelt. Wenn ich mich aber lang genug auf diese ständige Flutung einlasse, spüre ich den immer stärkeren Drang, selbst mitzufluten, mitzutröten, mitzuteilen – aber nur eine PR-Version von mir: meistens selbstironisch, oft was mit Tieren, allerhöchstens lustig leidend und natürlich zutiefst unehrlich. Außer, es stirbt mal ein Prominenter, der mir wirklich etwas bedeutet, dann schreibe ich vielleicht trotz aller gerade erklärten Abscheu einen aufrichtig traurigen Blogpost oder Tweet, wenn ich mich aufraffen kann und mir etwas einfällt, das wirklich vom armen Toten handelt und nicht doch eigentlich nur von mir selbst.

Ansonsten bleibt das Substantielle, das mir einfiele, oder zumindest das gepfeffert Ehrliche drinnen in meinem Tintenfischbauch, der Rest ist plätschernder Austausch ohne echte Nährstoffe und wirkliche Würze. (Meine Mutter bezeichnet langweilige Menschen gerne als »Nudel ohne Salz«, das habe ich von ihr übernommen.) In aufrichtig dunklen Stunden, das ist klar, reicht diese verdünnte Kontaktschorle nicht, um irgendetwas besser zu machen.

Deswegen funktioniert das Internet als Einsamkeits-Verscheucher bei mir nur in harmloseren Krisen, quasi wie ein Pflaster auf kleineren Schrammen. Operationen am offenen, wunden Herzen führt man in dieser verkeimten Umgebung besser nicht durch. »Schlaf gut, kleiner Hund«, postete ich, als Figo starb, ich haderte länger, ob ich das abschicken sollte oder nicht, und machte es dann doch. Es tat gut, die Anteilnahme zu lesen, aber es schmerzte auch, dass die mitfühlendsten Nachrichten von Menschen kamen, die ich eigentlich nur flüchtig kannte, während andere, die ich für Freunde hielt, schwiegen. Also kam ich am Ende irgendwie bei null heraus.

Facebook macht mich also nicht einsamer, aber auch nicht un-einsamer. Auf keinen Fall macht es für mich »dem bislang allmählichen Schwund der sozialen Vernetzung ein Ende«, wie Facebook-Ethnologe Daniel Miller schreibt, der glaubt, das Netzwerk führe »die einst Vergessenen zurück in den Kreis derer, die wir im Auge behalten«. Nun will ich gar nicht unbedingt im Auge behalten werden, ab und zu wahrgenommen, das reicht mir schon. Außerhalb des Internets muss man sich darum bemühen, es kostet Überwindung, soziales Geschick und Glück, um zum Beispiel in einem Café ein ansatzweise gelungenes Gespräch auf den Weg zu bringen. Auf Twitter, Facebook oder Instagram fällt es mir leicht, irgendein Witzchen, eine beobachtete kleine Kauzbemerkung fällt einem ja immer ein, und notfalls kann ich immer noch ein niedliches Bild von meinem Hund posten (von dem ich noch Postingmaterial für 300 Leben auf meinem Handy habe), und schon reagiert irgendwer, manchmal jemand, den ich kenne, manchmal jemand völlig Fremdes, und dann freue ich mich doch – und ärgere mich gleichzeitig, dass ich mich freue, dass ich inzwischen nicht frei bin davon, meine Stimmung von anderen abhängig zu machen.

Die meiste Zeit aber wird mir die kondensierte, einge-köchelte Form, die Menschen annehmen, wenn sie sich in Postings verwandeln, zunehmend zu viel. Im Laufe eines Ausgeh-Abends plappert man ja auch viel Unsinn heraus, sensationelle Belanglosigkeiten, dazwischen ein paar tat-sächlich interessante Bröckchen, etwas Persönliches, dann wieder etwas Grunddämliches, ein guter Witz, ein mieser Kalauer – irgendwie gleicht sich das im Laufe des Abends dann meistens irgendwie wieder zu einem verträglichen Gesamtbrei aus. Ein Posting setzt aber ein bewusstes Spot-light auf ein paar Sätze, zeigt, dass der Poster das für so in-teressant/tiefsinnig/lustig hält, dass er es mitteilen möchte.

In ihren Postings sehe ich Menschen wie Insekten un-ter einem Vergrößerungsglas, und das macht es mir in der Konsequenz fast unmöglich, meinen Einsamkeitskokon zu knacken und einfach wieder bei ihnen mitzumachen, weil sie mir schon überdeutlich zeigen, was mich an ih-nen nerven wird, bevor ich sie kenne. »Every party's got a winner and a loser / I'm jumping out of the game / by being the referee« – diese Liedzeilen sang mir der norwegische Sänger Erlend Øye vor 15 Jahren nach einem Interview auf mein Diktiergerät, damit ich sie auf der langen (natürlich einsamen) Nachtzugfahrt von Berlin nach Stuttgart hören konnte. Ich muss immer noch in vielen Situationen an diese Zeilen denken. Weniger auf realen, physischen Partys (auf die ich nur noch sehr selten gehe), dafür regelmäßig, wenn ich mir wie vom Tennis-Schiedsrichterhochstuhl anschaue, wie Freunde und Bekannte sich auf digitalen Präsentiertellern inszenieren – um beliebt, verrückt, erfolgreich oder sonstwie zu wirken, nur um Himmels willen nicht einsam. Dabei ist es natürlich völlig nebensächlich, wie viele Freunde man hier anhäuft, wie Carl Jung schrieb, verspürt man Einsamkeit ja meistens nicht, weil man alleine ist, sondern weil man mit niemandem über die Dinge sprechen kann, die einem wichtig sind. Sie passen eben nicht durch die Tintenfischhautporen. Sie machen mich inzwischen fast traurig, die Bilder von Schnapsgläsern, gepostet morgens um 4, die dazugehörigen Rudelmarkierungen, damit jeder sieht, mit wem man unterwegs ist, die alle zusammen ja immer nur sagen: Schaut alle her, ich bin dabei! Und jedes dafür eingefahrene Like ist eine Einzahlung auf eine Anti-Einsamkeits-Versicherungspolice.

Ich würde Facebook gerne als eine Litanei der Möglichkeiten sehen, als eine Enzyklopädie für all das, was die anderen so treiben, bei dem ich nicht mehr mitmache, vor allem zum Selbstcheck: ob ich in meiner selbstgewählten Sozial-Diät nicht doch etwas vermisse, mir nur etwas vormache, mir ein anderes, teilhabenderes, geselligeres Leben wünsche. Und mich in Wahrheit rasend gern, wie einer meiner Facebookfreunde, zum Event »BrotZeit« anmelden würde.

Oder zum
  Jungpflanzentauschmarkt
  Israeli Palestinian Breakfast
  Berliner Käsetag
  17. Schorfheide-Lauf
  Disco-Brunch
  Hiddenseer Kutterfisch-Verkosten
  Yoga-Retreat Relax & Renew
  Kutscherfrühstück im adidas-Shop
  Bücherabend mit Herfried Münklers
    »Der Dreißigjährige Krieg«
  Polish Craft Beer Release.

Das sind Veranstaltungen, Gelegenheiten, bei denen Menschen zusammenkommen, von denen ich nur weiß, weil jemand mitmacht, den ich kenne und der das über Facebook seinen Freunden mitteilt. Wenn diese Information in meiner Timeline landet, lese ich manchmal die näheren Details zu diesen Veranstaltungen, aus ethnologischem Interesse. »In unserer Genusswerkstatt erwarten Euch spannende Verkostungen mit Slow Food Berlin und Mini-Sensorikseminare mit Oskar Häsler vom Institut für Getreideverarbeitung« lese ich also, und dann ist mein Selbstcheck wieder abgeschlossen.

Die »Fear of Missing Out«, die Angst, etwas zu verpassen, ist bei modernen Internetmenschen so verbreitet, dass sie ein eigenes fetziges Akronym bekam: FOMO. Hatte ich natürlich auch, so zwischen 25 und 35, als jeder Samstagabend alleine zu Hause ein sozialer Offenbarungseid war. Heute genieße ich die Joy of Missing Out, das behagliche Gefühl, dass es mich nirgendwo hindrängt. JOMO is the new FOMO, das wäre ein schönes Banner, um es aus meiner Festung zu hängen. Vielleicht bedrucke ich mir damit mal eins meiner ausgemusterten Damastbettlaken, wenn ich damit fertig bin, meine Schildkröte mit Blattgold zu überziehen.

Vielleicht ändert sich meine Einstellung zu Social Media wieder, das will ich gar nicht ausschließen. Womöglich lerne ich sie im Alter wieder schätzen, welche Form davon dann auch immer existieren wird. Es ist ja eine tröstliche Vorstellung, auch als Greisin nicht von der Welt und den Menschen abgeschnitten zu sein, auch wenn ich im schrundigsten Altenheim voller fieser Alten landen sollte, wo mich die gesamte Belegschaft hasst. Solange ich dort Wlan habe, um auf Twitter (oder was es dann so gibt) über das schreckliche Weihnachtskonzert der 80-jährigen Helene Fischer spotten zu können, wird mir zumindest das soziale Grundrauschen erhalten bleiben.

Möglicherweise fange ich dann auch an, langwierige Fragen in Krankheitsplauderforen zu stellen. Oder, wer weiß, wie wunderlich ich noch werde, in Einsamkeitsforen. In einem lese ich seit einiger Zeit regelmäßig mit, allerdings schreiben hier keine isolierten Seniorenheiminsassen, sondern junge Frauen, von 18 Jahren bis etwa Mitte zwanzig. Sie schreiben darüber, dass sie traurig sind, dass ihnen niemand ein gutes Neues Jahr gewünscht habe, wirklich gar keiner. Keine Verwandten, keine Freunde, keine Arbeitskollegen. Wie schlimm sich das anfühlte, dass niemand an sie dachte. Oder darüber, wie einsam sie sich fühlen, seit ihr Freund Schluss gemacht hat. Klar, sie hätten viele Freunde, aber alle sind immer super beschäftigt, haben selber einen Partner und höchstens zwischendurch mal eine Stunde Zeit, schnell auf einen Kaffee, dann sind sie wieder müde oder müssen noch zu ihrem Freund und gehen wieder. Und darum vermissen sie zwar nicht ihren Exfreund, gut, dass sie den endlich los sind, aber die Beziehung. Dass einfach irgendjemand da ist. Sie würden ihn sogar zurücknehmen, nur, damit dieses schreckliche Gefühl aufhört.

Wenn ich in diesem Forum lese, fühle ich mich manchmal ein bisschen wie ein Egel, der sich an das Alleinsein anderer klebt. Aber es ist für mich ein Prüfwerkzeug, ein digitales Stethoskop, mit dem ich mich selbst abhorche, wie die Veranstaltungslisten auf Facebook: Kommt mir irgendwas bekannt vor? Spüre ich das vielleicht auch, wenn ich vor mir selbst Hosen und Posen runterlasse? Die Postings hier sind ganz anders als die Postings auf Facebook, natürlich, vor allem sind sie anonym. Und sie brechen sich Bahn an einem Ort, wo sie eigentlich gar nicht hingehören.

Die Postings finden sich auf kleiderkreisel.de, eigentlich ist das, wie der Name andeutet, eine Verkaufsplattform für getragene Kleidung. Dazu gehört allerdings auch ein Forum, das man ein bisschen versteckt in einem Seitenmenü findet, wenn man denn danach sucht. Die meisten Benutzer sind weiblich, verhandelt werden alle nur denkbaren Notlagen, bei denen sich der Ratschlag völlig fremder, anonymer Internetmenschen irgendwie als nützlich erweisen könnte: »Katze aufs Näschen gehauen! Entschuldigen?«, »Hilfe! Batikrückstände im Trockner!«, »Meine Friseurin ist schwanger«, und, natürlich: »Großer Hintern – wie flach bekommen?« Das zweitbeliebteste Unterforum hier ist das »Fashion & Style«-Diskussionsboard mit 1 501 387 Beiträgen, nur ein Thema hat mehr: »Gefühle«, 2 438 078 Beiträge.

Mir ist die Vorstellung fremd, Menschen, die ich nicht kenne, um Rat in Angelegenheiten zu bitten, die intimer sind als »Mein neuer Drucker macht so komische Streifen, weiß jemand was?« Aber vielleicht sind Internetforen wie dieses, wenn man sich traut, wirklich Erste-Hilfe-Kits, die zeitweilige Emo-Druckverbände anlegen, wenn man niemanden hat, mit dem man etwas Wichtiges oder Dringendes besprechen könnte, oder man sich vor seinen Freunden nicht öffnen will und sich darum traurig und alleine fühlt.

Aber die »Gefühle«-Sektion des Forums ist noch aus einem anderen Blickwinkel interessant: Sie erzählt davon, wie das Internet jener Generation, die keine praktische Erfahrung darin hat, dass man es auch ausschalten könnte, in die zwischenmenschlichen Beziehungen pfuscht. Wie Social-Media-Kanäle tatsächlich einsam machen können, weil sie Unsicherheiten schüren, die es ohne sie gar nicht gäbe. Diese Fälle werden auf Kleiderkreisel in der größten Unter-Unterabteilung »Liebe & Partnerschaft« verhandelt, einer Mischung aus bauernschlauen Simpelratgebern und einem erschlagend detaillierten Archiv sämtlicher nur denkbarer Liebesmalaisen. Eine moderne, überraschend düstere Fassung von Roland Barthes' »Fragmente einer Sprache der Liebe«, ein Panoptikum der Frechheiten und Zumutungen, der Kränkungen und Psychoklemmen, in dem Mädchen und junge Frauen herumirren und nach Wegweisern suchen. Es geht dabei überraschend selten um die klassischen Dr.-Sommer-Themen, diese diffus peinlichen, oft mechanisch-pneumatischen Technikfragen (»Hilfe, keine Reaktion beim Vorspiel!«), und überraschend oft um grundsätzliche Erschütterungen: Was will ich, was darf ich wollen, was muss ich sollen – damit mich jemand will? Und wahnsinnig oft kommen in diesen Postings die Begriffe WhatsApp, Facebook, Instagram vor.

Ganz oft reicht es schon, dass der Partner auf Instagram die Bilder einer anderen likt, um eine Beziehung nachhaltig anzufressen: So fängt es oft an, das Misstrauen arbeitet dann weiter wie eine fleißige Made im saftigen Apfelfleisch. Würde man all die hier verhandelten, Social-Media-bezogenen Liebesmalaisen in ein Tortendiagramm übersetzen, wäre das monströseste Stück für Schnüffel-induzierte Probleme reserviert, die entstehen, weil irgendwer heimlich die Chats oder Nachrichten seines Partners gelesen hat und nun mindestens verunsichert bis wutschäumend von den Fundstücken berichtet – die Skala der entdeckten Nachrichten reicht dabei von harmlos scheinenden Kantinenverabredungen mit der Kollegin aus der anderen Abteilung bis zu eindeutigen Affäresignalen. Die Antworten, die darauf eintrudeln, schwanken zwischen zwei Polen:

1) Sofort Schluss machen!
2) Wie kannst du nur an sein/ihr Handy gehen?

Dazwischen verteilen sich Tipps für weiterführende Stalk- und Stöberarbeit, um zunächst mal mehr Beweise gegen den Geliebten zu sammeln.

Ganz neue Betrugsformen und -stufen lernt man kennen, immer wieder ist zum Beispiel vom »Fremdschreiben« die Rede, vom Chat mit anderen Frauen, einer sehr frühen Schwundstufe der verbotenen Affäre. Das reicht oft schon, um eine Beziehung grundsätzlich in Frage zu stellen, nicht nur von verunsicherten 16-Jährigen, auch viele Mittzwanzigerinnen würden ihren Partnern am liebsten jedweden Kontakt zu anderen Frauen verbieten. Es ist ziemlich deprimierend, sich diese Threads mit oft Dutzenden von Seiten durchzulesen und anzusehen (mitunter werden auch Screenshots der verdächtigen Kommunikationen mitgeliefert) – wie wahnsinnig mühselig und zermürbend muss es sein, eine Beziehung in permanenter Habachtstellung zu führen: »Warum nimmt er eigentlich so oft sein Handy mit aufs Klo?«

Liest man sich tiefer ein, erkennt man einen paradoxen Kreislauf: Über Social-Media-Kanäle ist es für junge Menschen heute leichter denn je, einen Menschen kennenzulernen, mit dem sie eine Beziehung eingehen, doch dann nagen dieselben Kanäle wenig später auch unerbittlich an deren zarten Wurzelchen – worauf man Hilfe bei wieder einer anderen digitalen Sozialform sucht. Bei Facebook getroffen, wegen WhatsApp getrennt, bei Kleiderkreisel getröstet.

So bizarr sind diese Anfragen mitunter, dass sie natürlich auch reichlich schnippische und ironische Antworten provozieren, doch erstaunlich viele Forumsbesucherinnen antworten sachlich und mitunter überraschend qualifiziert – eine besonders empathisch-engagierte Ratgeberin fügte gar extra ihrem Freund beim Sex frische Rücken-Kratzwunden zu und postete ein Foto, damit eine verzweifelte Ratsucherin (mit kurzen Fingernägeln) sie mit den hochverdächtigen Striemen auf dem Rücken ihres Verlobten vergleichen konnte, der behauptete, sie stammten von einem besonders kratzigen, ohne Weichspülmittel gewaschenen Handtuch. Das ist echte, schwer zu toppende Empathie, ein Mädchenschulterschluss, vielleicht ja sogar wirklich ein kleiner Einsamkeitsdämpfer.

Manchmal geht es bei den Postings nicht um Ratschläge, weil eine Geschichte ohnehin schon abgeschlossen ist. »Er hat sich getrennt und ich bin so traurig« – oder, das andere Ende des Spektrums: »Größte Flachpfeife meines Lebens – und Tschüß«. Das Trennungs- oder Abschussposting ist ein beliebtes Kreisel-Genre, bei dem es ausschließlich darum geht, sich ein paar Krauler abzuholen. Klassischer Postingschlusssatz: »Keine Ahnung was ich mir hier erhoffe … Vielleicht ein paar aufmunternde Worte?«

Manchmal, an freundlichen Tagen, funktioniert das erstaunlich gut: Dann scheint das Forum eine wolkige, vieltausendköpfige Schwesternschaft, in der man sich abfedert und auffängt, von gelegentlichen Krawallreinplatzern oder Kaltschnauz-Antworten abgesehen. Manchmal stolpert auch ein hoffnungsfroher Fußfetischist in die Diskussionen, der dank umständlich konstruierter Postings zum Thema Feinstrumpfhosen und Schwitzfüße meist schnell enttarnt wird. Viele der Antwortenden geben sich erstaunlich viel Mühe, trösten, fragen nach und erzählen: So war das bei mir. Dann ist es vielleicht wirklich praktisch, seine intimsten Belange in einer sehr viel größeren Clique zu diskutieren, als man das sehr viel früher auf dem Schulhof tat – bis die Betragszahl die kritische Grenze erreicht, nach der die Diskussionen leicht in Kleinlich- und Unsachlichkeiten zerfasern.

Warum es sich lohnen kann, in diesem Gefühlsarchiv zu kramen, obwohl man längst nicht mehr der Zielgruppe entspricht? Weil man dabei einen neuen Blick gewinnt auf die Jungen, die man so leicht überschätzt, in ihrer vermeintlichen Aufgeklärt- und Abgezocktheit, die man ihnen womöglich nur unterstellt – weil man das Gefühl hat, ihnen in vielen Bereichen schön langsam nur noch mühsam hinterherzukommen. Die Alterskluft im Alltag, sie zwickt ja allmählich. Im Kreiselforum kann man lesen, welche tiefe Unsicherheit und ganz neuen Probleme dieses selbstverständliche Hantieren mit dem Fortschritt, ihre legere technische Überlegenheit auch mit sich bringt: Darf er verlangen, dass ich mich bei Facebook lösche? Bedeutet es, dass er mich nicht mehr liebt, wenn er mit seinen Kumpels aus ist und mir nicht zurückschreibt, obwohl ich sehe, dass er seit einer Stunde bei WhatsApp daueronline ist – mit wem schreibt er da? Der Einsamkeit, vor allem der Variante, die man sich online einfängt, ist egal, wie alt du bist. Und noch egaler, was die Umfragen sagen.

ALL THE SINGLE LADIES

Vor vielen Jahren hatte ich in Tübingen mal eine mobile Eingreiftruppe, die alles dafür tat, zu verhindern, dass Menschen Sex haben. Mit zwei gleichgesinnten Freunden hatte ich die GVVB, kurz für Geschlechtsverkehrverhinderungsbrigarde, gegründet, bei unseren Einsätzen saßen wir zur Happy Hour lauernd in den einschlägigen Einlull-und-Abschlepp-Kneipen und beäugten die ungelenken Anbahnungsversuche an den Tischen um uns herum, um im Notfall eingreifen zu können, bevor es zu Ärgerem kam. Wir waren keine religiösen oder moralischen Frömmler, sondern sahen uns eher als humanistische Menschenfreunde, die wussten: Wenn Menschen Sex haben, werden sie verwundbar und schliddern im romantisch-verseufzten Nachglühen vor lauter hormoneller Verwirrung nur zu leicht in schauderhafte Beziehungen, unter denen dann, wenn sich der verklärte Schleier der kalbsäugigen Anhimmelei langsam lüftet, nicht nur sie selbst leiden, sondern auch ihre WG-Mitbewohner, Referatgruppen und Mensa-Mittagessensclubs, also wir selbst.

Wir gingen bei unserer Arbeit extrem elegant vor. Wie ein zarter Schmetterlingsflügelschlag ja ausreichen konnte, um den Lauf der Weltgeschichte zu verändern, so konnte eine kleine GVVB-Geste genügen, um eine aufkeimende Beziehung sanft im Keim zu ersticken. Wenn wir von unseren Beobachtungsposten, verschanzt hinter riesigen Zahl-einen-trink-zwanzig-Erdbeermargaritas, bemerkten, dass ein Date am Nebentisch auf den heiklen Moment zusteuerte, in dem beide beschließen könnten, och ja, man könnte es ja mal miteinander probieren, grätschten wir rein. Meistens genügte es dann schon, sich aufdringlich mit an den Tisch zu quetschen – beim überschaubaren Tübinger Genpool war es sehr wahrscheinlich, dass einer von uns einen der beteiligten Turtler irgendwoher kannte, also war das zwar extrem unhöflich, aber man konnte uns auch nicht einfach so entrüstet wieder wegschicken.

Saßen wir erst einmal am Tisch, war es ganz einfach, wir mussten dann nur den verklärten, idealisierenden Blick der beiden aufeinander kurz unterbrechen, was meistens alleine durch unsere bloße, polternde Anwesenheit gelang. Die romantische Stimmung war futsch, der kritische Augenblick zog unverknutscht vorbei, oft tranken wir dann alle noch schrecklich viel zusammen, am Ende schlief jeder zufrieden alleine in seinem Bettchen, und die Welt bleibt vor einer weiteren, zum Scheitern verurteilten, überhasteten Beziehung verschont. Danke, GVVB.

Allerdings gelang es uns nicht immer, diesen kritischen Moment exakt abzupassen, manchmal drohten uns Fast-Pärchen zu entwischen. Die größte Heldentat in der Geschichte der GVVB war es, als Fred einmal hastig aufsprang und zweien dieser vernebelten Figuren hinterherstürzte, als sie offensichtlich zum gemeinsamen Lotterlager aufbrachen und schon fast die Kneipentür erreicht hatten. Er wusste, jetzt musste er schnell handeln. Beherzt zog er den jungen Mann kurz und kräftig am Ohrläppchen, ein absurdes, aber effektives Störmanöver: ein kleiner Moment der Lächerlichkeit. Das Fast-Paar schien verwirrt aus seinem Liebesdusel zu erwachen, sie schüttelten sich, und schließlich ging sie alleine nach Hause, während Fred ihn noch in eine umständlich konstruierte Verwechslungsgeschichte verwickelte, die den Ohrenzupfer erklären sollte.

Neulich juckte es mich nach zwei Jahrzehnten wieder schwer in den Fingern, der alte GVVB-Reflex zuckte, als ich in der Berliner Ringbahn in eine Kindergartengruppe geriet, deren kichernde »Hihi, die Frieda hat einen Fro-hoind«-Mädchen von der Erzieherin gerade streng zurechtgewiesen werden, da gebe es gar nichts zu lachen: »Verliebt zu sein ist das Allerschönste auf der Welt! Noch schöner, als was von Lego geschenkt zu kriegen!« Worauf ich mich nur ganz knapp beherrschen konnte, der Kindergärtnerin nicht einfach schnell hintereinander mit der flachen Hand auf die Nase zu drücken und dabei Hupgeräusche zu imitieren, um ihre Autorität zu untergraben und dann den arglosen Kleinen die Wahrheit zu erzählen.

Meine Wahrheit, natürlich. Dass man ganz wunderbar alleine leben kann und weder als Mann noch als Frau unbedingt eine Beziehung führen muss, dass man nicht die eine, große Lebensliebe braucht, damit man seine Existenz als gelungen sehen kann. Ein schönes Leben, das kriegt man auch gut alleine hin. Komisch finde ich nur: Warum ist diese Lebensweise so ungewöhnlich, warum machen nicht mehr dabei mit? Sosehr ich davon überzeugt bin, dass es die Art ist, wie ich leben möchte, so stutzig macht es mich doch, dass das nicht mehr Frauen wollen. Auf der Suche nach coolen, allein lebenden Rolemodels landet man mangels lebender, prominenter Exemplare schnell bei Greta Garbo, die im Film »Grand Hotel« im weißen Tuffkleid aus tiefstem Herzen »I want to be alone« seufzte und im echten Leben bis zuletzt mit riesiger dunkler Sonnenbrille stoisch und solo durch New York schritt. Und bei Oma Eusebia, der fidelen, Nudelholz schwingenden alleinstehenden Seniorin aus »Fix und Foxi«.

Bestimmt sind viele Beziehungen ganz toll, erfüllend, einander fördernd. Ich sehe in meinem großzügig gefassten Bekanntenkreis und aus meiner freilich sehr eingeschränkten Außen-Perspektive (ich schnüre ja nicht heimlich durch Vorgärten und linse nicht durch Jalousien) aber nur ungefähr eine, bei der ich denke: Ach ja, das ist sicher schön. Dafür denke ich sehr oft: lieber nicht. Kein Fall von zu hoch hängenden Trauben, sondern von aufrichtigem Schaudern. Spätestens, seit ich mal – meine innerste, heimlichste Haltung für mich selbst gnadenlos gut ausgeleuchtet und wie ein Luchs auf möglicherweise verdrängte Träume und Wünsche achtend – einen Nachmittag lang den Hashtag #Couplegoals auf Instagram durchgescrollt habe, all die Patschpfötchenhalterei, Plüschtiergaben mit Herzapplikation, Urlaubsknutschbilder mit unverschuldet hineingezogenen Delphinen, Schuhpartnerlook wie bei den Schlümpfen, koalabärhaften Umklammerungen selbst beim Billardspielen, kann ich ehrlich sagen: Nee. Macht ruhig, aber gerne ohne mich. Dabei entdeckte ich übrigens auch das wahrscheinlich schlimmste Foto der Welt, das Maximum an Paarverherrlichungskitschfolklore: Es zeigt Mike und Elena, zwei Teilnehmer der Trash-Verbalzungsshow »Love Island«, von hinten in Partnerlook-Hoodies, händchenhaltend. Auf seinem steht in Disney-Schrift »King« (mit Mickymausöhrchen auf dem g), auf ihrem »Queen« (mit Mickymausöhrchen auf dem Q), auf beider Kapuzen prangt außerdem »27.10.2017«, ihr Zusammenkommdatum. Da war »Love Island« freilich längst abgedreht, während der Sendung hatten beide mehrfach mit anderen Partnern kurzzeitig die Liebe ihres Lebens gefunden, leider war da nur gerade kein T-Shirt-Bedrucker zu Hand.

7,5 Millionen Treffer gibt es für #coupelgoals. #single

185

goals hat nur knapp 10 000, und meistens sind damit irgendwelche riesigen Essensportionen, gerne Frittiertes, markiert, die irgendein trauriges Herz nun aus Trotz ganz alleine auffressen wird.

Früher hatte ich tatsächlich ganz normale Beziehungen, langjährig, was man so ernsthaft nennt, vier davon, die ich heute noch gelten lasse. Es gab kein traumatisches Erlebnis, nicht die ganz große Verletzung, kein pathetisches Abschwören von der Männerwelt, nur ein sich immer weiter in mir breitmachendes platonowsches »Wozu? Es lohnt nicht.« Je älter ich wurde, desto klarer und selbstverständlicher wurde diese Haltung, desto gemütlicher finde ich das Alleinsein. So, wie ich seit ein paar Jahren längst nicht mehr in Panik gerate, wenn ich ein Wochenende weitgehend zu Hause auf dem Sofa verbringe (ist statt Berufstätigkeit, Familiengründung und Vorsorgeuntersuchung vielleicht doch das Abflauen des Ausgehzwangs der wahre Übergangsritus ins sogenannte Erwachsenenleben?), so undramatisch finde ich es schon lange, dass da eben niemand außer mir ist, wenn es ums Essenkochen, Urlaubsplanen, Rumhängen, Einschlafen geht. Erleichternd finde ich auch, dass sich dieses Solobild von mir auch bei meinen Freunden und Bekannten zementiert zu haben scheint, wie selbsthärtende Modelliermasse. Nur einer fragt noch immer manchmal nach, was sich denn so liebestechnisch täte, ich sage dann stets »ich bitte dich«, und dann lachen wir beide kurz. Der Erklärungszwang ist also weg, dafür muss ich in Kauf nehmen, dass ich in den Augen der anderen in einen eher kratzigen Staubbeutel gesteckt wurde, bevor sie mich final schubladisierten. Meine Rolle, vermutlich: die Schrulle. Weil das so weit von meiner Selbstwahrnehmung entfernt ist, kam mir dieser Verdacht erst, als ich das wunderbare Buch »Spinster. Making a Life of One's Own« von Kate Bolick las. Auch die Autorin lebt alleine und schreibt anhand von ihr bewunderter Solofrauen eine kleine Kulturgeschichte dieser Lebensidee. Die beziehungslose Frau, schreibt sie, war immer eine gesellschaftliche Anomalie, ein abweichlerisches Wesen: mal herausragend mildtätig wie Florence Nightingale oder Mutter Teresa, mal exzentrisch wie Mary Poppins oder Holly Golightly, in Ausnahmefällen auch kämpferisch und furchtlos wie Johanna von Orléans oder Wonder Woman. Auf jeden Fall: irgendwie anders, irgendwie komisch.

»Spinster«, das englische Äquivalent zur »alten Jungfer«, war dabei im Mittelalter sogar eigentlich ein Kompliment. Eben schlicht die Bezeichnung für jemanden, üblicherweise eine Frau, die gut spinnen konnte – und deshalb finanziell unabhängig war. Zu diesen Zeiten gab es für Frauen nicht viele Möglichkeiten, um das zu erreichen. Später wurde das Wort als Bezeichnung für alle Frauen erweitert, die »frei« in eine Ehe gingen, also (auch finanziell) unabhängig und tatsächlich aus freiem Willen, nicht aus sozialen Zwängen oder Versorgungsdruck. Eben Frauen, die nach Virginia Woolf einen »room of their own« besaßen und sich auch Einsamkeit hätten leisten können. Ein so faszinierender wie schrecklicher Gedanke, dass Alleinseinkönnen für so viele Frauen tatsächlich Luxus war – und es vielerorts auch heute noch ist.

Während »spinster« also ursprünglich ein Titel war, der Respekt ausdrückte, meinte das männliche Alleinstehenden-Äquivalent, der Bachelor, eigentlich einmal einen Mann von solch geringer beruflicher Reputation, dass eine Heirat für ihn ausgeschlossen war. Um das Jahr 1300 nannte man so in England Ritter niedrigen Standes. Die Konnotation des Wortes wandelte sich in der viktorianischen Zeit, als ausgebuffte Heiratshuber ein »elegible« vor den »bachelor« setzten und damit signalisierten, dass die zu vermittelnde Personalware zumindest schon einmal in finanzieller Hinsicht durchaus attraktiv war, eine gute Partie also. Im 19. Jahrhundert schließlich war Bachelor die neutrale Bezeichnung für einen unverheirateten Mann. Heute arbeitet das gleichnamige Reality-TV-Format hart an der erneuten Beigeschmacksverbitterung, indem es den Bachelor als dauerzüngelnde Knallcharge mit fataler Vorliebe für Shirts mit deutlich zu tiefen V-Ausschnitten porträtiert.

»Spinster« ging in der gesellschaftlichen Wahrnehmung den umgekehrten Gang. Im kolonialen Amerika war finanzielle Unabhängigkeit zunächst erst mal kein besonders erstrebenswerter Wert mehr, dafür rückte nun die unerwünschte Kinderlosigkeit der Unverheirateten in den Fokus – schließlich war eine geregelte, kontinuierliche Fortpflanzung bei der Besiedlung des fremden Kontinents von existentieller Bedeutung und eben nur im Rahmen einer Ehe wünschenswert. Wer da nicht mitheiraten und -gebären wollte, wurde im Dienste der gesellschaftlichen Stabilität sozial geächtet. Wer mit 23 Jahren noch nicht verheiratet war, wurde also offiziell zur »spinster«, mit 26 Jahren dann als hoffnungsloser Fall gar zum »thornback«, zum Sternrochen also, einem wenig anziehenden Flachfisch mit zahlreichen Dornenpickeln auf dem Rücken. Wie hochintelligent diese Meereswesen tatsächlich sind, sollte die Wissenschaft erst fünf Jahrhunderte später entdecken.

Spinster und Bachelor sind also eine frühe Variante der abgegriffenen, unverwüstlichen Trottelvorstellung, alleinstehende Männer seien, eine mindestens mittelmäßige Attraktivität und gute Lederjacke vorausgesetzt, einsame Wölfe, Einzelfrauen aber vergessene Trutschen. Ich war überrascht, als ich zufällig über einen phantastisch abgeklärten amerikanischen Single-Ladies-Ratgeber aus dem Jahr 1936 stolperte, der den schönen Titel »Live Alone and Like It« trug und mit einer neuen Bezeichnung für die alleinstehende Frau aufwartete: »The Extra Woman«.

Dabei stellt das Werk gleich im ersten Satz trockenstmöglich fest: »Dieses Buch ist keine Anstiftung dazu, alleine zu leben.« Viele Menschen seien nämlich kreuzunglücklich damit, wenn sie unfreiwillig in diese Situation geraten. Es gehe nur um die Vermittlung eines vernünftigen Rüstzeugs: Das patente Buch wollte ein technisches Lehrbuch sein, ein Reiseführer durch Lonesomeland: »Egal, ob Sie Ihr Einfrauen-Arrangement als Weltuntergang oder als Abenteuer sehen, und egal, ob Sie 22 oder 66 Jahre alt sind, Sie brauchen einen Plan, um das Beste daraus zu machen.«

Mir gefällt der blusenärmelaufkrempelnde *call to action*, der dahintersteckt – auch wenn der angekündigte Alleinlebensmanagementplan dann vor allem in Freizeit-, Haushalts- und Spartipps besteht, ist die als Emokitt fungierende Haltung, die zwischendurch vermittelt wird, doch unerwartet lässig. Das Beste aus der Singlesituation zu machen könnte ziemlich nice sein, fährt das Buch fort, auf jeden Fall aber netter, als mit dem falschen Menschen zusammenleben zu müssen. Es läge schlicht an einem selbst, ob man heiter, würdevoll und erhaben alleine leben möchte oder doch einfach nur eine verschmollte, beleidigt-verlassene Existenz führen wolle.

Auch wenn mir die Extra Woman an manchen Stellen für meinen Geschmack etwas zu kernseifig-pragmatisch erscheint, bleibt sie eine hübsche Idee. Eine von Kate Bolicks Spinster-Heldinnen hat ein paar Jahrzehnte früher eine noch schönere Bezeichnung geprägt: »The Bachelor Girl«. So hieß die Kolumne der Autorin Neith Boyce, die sie 1898 für die amerikanische Vogue schrieb, und als »Girl Bachelor« bezeichnete sie sich auch selbst. Eine überraschende

Rubrik für ein Frauenmagazin, das damals wie heute nicht unbedingt die Speerspitze des Feminismus darstellte.

Vom Sommer bis zum Spätherbst 1898 erzählte Neith Boyce wahre Geschichten einer echten, unverheirateten, glücklichen Frau und erklärte ihren Leserinnen Schritt für Schritt, was ein Bachelor Girl ausmacht. Der wichtigste Punkt: selbstbewusst sein! Ungefähr so wie Napoleon, der kleine Mann, der es ohne Selbstbewusstsein nirgendwohin gebracht hätte. Weiterhin essentiell: Immer tipptopp gekleidet sein, am besten mit Leinenkragen. Gute Nerven und Geduld mit ewig gestrigen Mecker- und Mackertypen haben. Unbedingt selbständig sein, nicht nur ökonomisch, sondern auch im Denken.

Womöglich war Neith Boyce dieser für damalige Zeiten höchst rebellische Singulärsdrang vorbestimmt, immerhin wurde sie nach einer ägyptischen Gottheit benannt, die nie verheiratet war. Neith, die Göttin, ist nicht nur die jungfräuliche Mutter des Krokodilgottes Sobek – vor ihrer Mutterschaft hat sie sich erst einmal selbst auf die Welt gebracht, und das Universum gleich mit dazu. Wie ihre griechische Kollegin Artemis vereint sie in sich männliche und weibliche Kräfte, hat den Vorsitz über das Kriegswesen und die Jagd und wird immer alleine dargestellt.

Neith, die Autorin, lebte die erste Hälfte ihres Lebens so kompromisslos, wie die amerikanische Essayistin Vivian Gornick gute achtzig Jahre später über ihre eigene Entscheidung schreiben würde, ihren Mann zu verlassen: »Die Idee von Liebe fühlte sich wie eine Invasion an. Ich hatte Gedanken zu denken, ein Handwerk zu lernen, ein Selbst zu entdecken. Alleinsein war ein Geschenk. Eine Welt wartete darauf, mich willkommen zu heißen, wenn ich bereit war, sie alleine zu betreten.« Ganz ähnlich klingt es, wenn Neith Boyce zu Beginn des 20. Jahrhunderts ihr Recht auf Selbstverwirklichung erpochte. Es gebe schließlich genug Frauen, die gerne heiraten und den Fortbestand der Menschheit sichern wollten, fand sie. Wenn eine Frau ihr Leben stattdessen damit zubringen wollte, leckerste Marmeladen einzukochen und Duftpotpourris aus Rosenblättern herzustellen – warum sollte sie das um Himmels willen nicht dürfen? »Wenn eine Frau gerne mit Worten spielt und mit ihnen Muster und Bilder malt, sich damit selbst versorgte und niemandem zur Last fiel und sich ihres Lebens erfreute, ohne ein Rudel brüllender Kinder um sie herum, warum sollte sie das nicht tun?«

Ja, ja und JA!, dachte ich, als ich das las. Und dass Neith Boyce womöglich endlich ein passendes Rolemodel für mich sein könnte, in dessen Sätzen ich mich aufs behaglichste einschmiegen konnte. Dann las ich weiter in ihrer Biographie und war enttäuscht: Sie hat dann doch geheiratet. Zwar zu ihren Konditionen, komplett gleichberechtigt sollte ihre Ehe sein, zudem ausdrücklich »vorläufig« und versuchsweise und keineswegs, bis der Tod sie scheide. Am Ende bekam sie vier Kinder und blieb windelwechselnd zu Hause, während ihr Mann als Reporter und Buchautor quer durchs Land reiste. Sie blieben zusammen, bis er starb, Neith fing an zu trinken und hörte auf zu schreiben. Ihre Biographin Carol DeBoer-Langworthy glaubt, die tragische Ironie ihres Lebens läge darin, dass sie so viel Energie in ihre Bemühungen legte, eine unkonventionelle Ehe zu führen, die sie nicht einschränkte, dass ihr keine Kraft mehr blieb, etwas anderes zu tun.

Ich war enttäuscht und traurig, für Neith. Auch »Live Alone and Like It« ließ mich bei weiterer Lektüre im Stich, spätestens im Kapitel »A Lady and her Liquor« und bei der dringenden Empfehlung, lieber nicht alleine eine Bar aufzusuchen. Wenn man unbedingt trinken müsse, solle man dies lieber in einem Restaurant tun, aber bitte nicht alleine, denn das gehe niemals gut aus, sondern wirklich so schauerlich, wie es einem in der Sonntagsschule erzählt wurde. Eine kluge Frau, lese ich, zunehmend saurer, beschränke ihre Trinkerei auf Feierlichkeiten und andere soziale Anlässe. Weil eine Frau alleine am Tresen mindestens verzweifelt und obendrein auch noch oft zu auffällig wirke.

Ich habe schon immer auf diesen gelegentlich heute noch aus irgendwelchen Reaktionärenmägen wieder hervorgewürgten Unsinn gepfiffen. Zwei Jahre lang verbrachte ich die schönsten Nächte auf meinem Stammhocker in der Hamburger Kaschemme »Na Und?«, ein passenderes Motto als den Kneipennamen hätte man dieser gloriosen Zeit- und

Ressourcenvergeudung im großen Stil nicht geben können. Herrliche Nächte waren das, gleichermaßen vergessene wie unvergessliche Bechereien und Schwadronagen, Barhockerplumpser, Wutanfälle, Gefühligkeiten. Und mit der steilsten Klotreppe, auf der man sich beim Hinunterpurzeln die allerschillerndsten Blutergüsse holen konnte. Ich hatte mir damals sogar mein Signature-Getränk erarbeitet, das mir der Wirt aufforderungslos hinstellte, wenn ich zur Tür hereinkam. Leider war es Underberg-Cola, ich hatte in einem alten Underberg-Rezepte-Buch davon gelesen und wollte mich so gerne an die fragwürdige Mische gewöhnen, weil mir »Neue Welt«, der Name dieses Longdrinks, so gut gefiel. Unglücklichweise schmeckte er wie Weihnachtslimo, aber im »Na Und?« war er immerhin *meine* Weihnachtslimo, also musste ich da durch.

Diese Nächte fühlen sich länger vergangen an, als sie es wirklich sind, jetzt ist der Wirt krank und das »Na Und?« längst zugesperrt, ich wohne nicht mehr in Hamburg, sondern in Berlin. Ob sie mich heute wenigstens in meiner zweiten Hamburger Andockstelle noch kennen würden, in der kleinen Nachbarschaftsbar gleich um die Ecke von meiner Wohnung, wo ich öfter beim Heimschlingern noch hängenblieb? Ob da immer noch dieselben Leute am Tresen hocken wie damals, als meine Schwester plötzlich beschloss, von Hamburg nach Berlin zu ziehen, und ich mich in einer ersten Vorahnung möglicher Vereinsamung in der Bar ausheulen musste? Wer sollte, zum Beispiel, in

Zukunft nachschauen, wenn ich mir mal wieder selbst die Haare färbe, ob am Hinterkopf auch alles gleichmäßig verteilt ist? Die versammelte Suffschaft versicherte mir damals glaubhaft, ich könne jederzeit im Frotteeturban einmarschieren, und man würde dann zwischen zwei Gin Tonics einen prüfenden Blick auf meine Färbeversuche werfen. Das tröstete mich sehr.

Gerade trinke ich nicht mehr viel, und wenn, dann doch alleine zu Hause, *in your face*, »Live Alone«! Ich habe keine Stammbar mehr, in der ich Stammgast mit einem Stammbarhocker bin, aber zumindest einen Stammkaffeeladen. »Flat white?«, fragt der Mann im Hipstercafé immer schon von selbst, wenn ich an spendablen Tagen bei meiner Gassirunde hereinschaue, weil ich mal wieder so tue, als sei ich ein Freelancerdarsteller in einer Vorabendserie, und deshalb zum teuren Kaschmirschal, goldenen Sneakers, den kunstvoll zerwühlten Haaren und dem schönen Hund an meiner Leine auch noch einen Pappbecher Kaffee brauche, aber einen mit Designy-Logo. Mein zweites Berliner Stammgetränk habe ich mir in einem hübschen Café mit ganz reizenden französischen Inhabern ertrunken. Dort bestelle ich stets »Vendôme«, ein Mischgetränk aus Milch und Mandellikör – nicht, weil es so besonders gut schmecken würde (das alte Underberg-Cola-Problem!), sondern weil es in einem tollen Kelch serviert wird. Wir sollten alle viel mehr aus Kelchen trinken, es beschert einem sofort ein leicht erhabenes Gefühl, #Lifehack. Dazu bestelle ich stets ein Stück der vorzüglichen Birnentarte. Als ich einmal etwas anderes orderte, aus einem spontanen Variationsdruck heraus, zog die niedliche Französin mittleren Alters hinter der Theke mit leicht angeschnaubten Nüstern die Augenbrauen hoch: »Was ist nur los mit dir, eh?«

Ich liebe diese kleinen, geplänkelten Vertrautheitsrituale. Gesehen werden, erkannt werden, auf einer tieferen als nur der flach visuellen Ebene, dieses Bedürfnis hat man auch, vielleicht gerade, als alleinsamer Mensch. Ich erinnere mich immer noch an den krumpeligen Zettel, den mir ein Barmann mal nach einer langen Nacht unter die Nase hielt: Ein Freund hatte in dieser Kneipe sein 10-jähriges Berlin-Jubiläum gefeiert, und weil man seine Zeche hier erst am Ende und nicht nach jedem Getränk beglich, hatte der Thekenmann über unsere Bestellungen Buch geführt. Weil er unsere Namen nicht kannte, hatte er uns nach unseren hervorstechendsten Merkmalen benannt: Es gab »Klein«, »Kariertes Hemd«, »Mistfrisur«. Ich hatte Glück und war nur »Hundeshirt«. Die Stammgäste standen in einer Spalte daneben, mit ihren Kneipenpseudonymen, echten Ehrennamen: Putzi und Baron, daran erinnere ich mich noch. Wer weiß, vielleicht nannten mich die französischen Cafébesitzer wegen meiner speziellen Tarte-Vorliebe längst »Birne«, das fände ich total in Ordnung.

Das ultimative In-seiner-Besonderheit-anerkannt-Werden, und hier kommen wir zurück zum leidigen Thema, ist für die meisten Menschen die Verpartnerung. Dafür betreiben manche Menschen einen nachgerade bizarren Aufwand, um jemanden amourös dingfest zu machen und in der Verpaarung zu fixieren. Die meisten Beziehungen, die ich aus eigener Anschauung kenne, ähneln wie schon erwähnt in der Von-außen-Draufschau nicht sehr ausgewogenen Kosten/Nutzen-Listen, die, wären sie Anlagefonds, niemand unterschreiben würde, der klaren Sinnes ist. Meine Mutmaßungen und Theorien, warum Menschen in der Regel trotzdem lieber zusammenleben als alleine, oder das zumindest glaubhaft vorschützen, sind noch nicht ganz abgeschlossen. Das bisschen garantierter Geschlechtsverkehr alleine kann es ja nicht sein. Womöglich hat es etwas damit zu tun, was der Jesuitenpater Michael Bordt in einem kleinen Bändchen aufgeschrieben hat: »Die Kunst, sich selbst auszuhalten«, kann eben manchmal ganz schön anstrengend sein – darauf haben womöglich die meisten Menschen einfach keine Lust.

Mein Verdacht ist ja, dass die meisten Beweggründe prosaischer sind, als man sich das so denkt, und vor allem, als die Beteiligten es nach außenhin darstellen. »Weißt du, warum ich bei dir bleibe? / Du hast eine Ingwerreibe«, singt der Spaßmacher Michl Müller in einem Lied. Ich werde immer schnell misstrauisch, wenn das romantische Innenleben zu gut beleuchtet ausgebreitet wird, wie ein aufgeschnittenes, ausgeweidetes Kuscheltier, in dessen Holzwollfülle man in aller Öffentlichkeit herumpult. Mit Öffentlichkeit meine ich natürlich Social Media. Ich habe eine Facebookfreundin, die ich wie die überwiegende Mehrheit dieser Gattung nie persönlich getroffen habe, von der ich nicht mal ihren echten Namen kenne und die jeden Süßi-Move ihres noch relativ neu erworbenen Freundes so penetrant in die Welt paukt, dass da etwas nicht stimmen kann.

Mich erinnert dieses allzu demonstrative Hinausströten von Liebesglück immer an Pfeifen im dunklen Keller, betonte Munterkeit, die die Angst verstecken soll. Oder wie eine sonderbare Art von Voodoo, die flüchtige Momente erstarren lässt, solange sie nur genügend Menschen mitbekommen. Wie schön es wäre, wenn ich endlich stark genug wäre, sie zu entfreunden, um nicht mehr schaudernd ihre Einlassungen zu lesen, in denen sie seinen Hintern begrabbelt, der gestählt ist von ausgiebigem täglichen Stand-up-Paddeling und Parcours-Geturne, während er sich im Gegenzug damit zufriedengibt, ihren Bauch zu betasten, der durch ausgiebigen Schmandsoßen- und Russische-Zupftorten-Genuss eher blähmäßig geformt wurde – ist das nicht süüüüß? Neulich habe er ihr bei einem gemeinsamen Restaurantbesuch heimlich, während er auf der Toilette war, aus ein paar mitgeschmuggelten Spaghetti einen Ring geknüpft und angesteckt, natürlich sei dann die Tischdecke mit Carbonara-Soße besudelt gewesen, auch ihre Hose hatte etwas abgekriegt, aber wie romantisch war das denn bitte, kriegte sich die Facebookfreundin gar nicht mehr ein, und ich hoffte, dass er sich wenigstens zwischendurch mal die Hände gewaschen hatte.

Aus Langeweile und natürlich auch Gafflust habe ich mir einmal sein Facebook-Profil durchgelesen. In allen Einträgen findet seine Freundin statt, entweder unternehmen sie etwas, er vermisst sie oder ist generell glücklich über ihre Existenz. Die beiden sind zu einem dampfwalzenhaft rollenden Kugelwesen verschmolzen, an dem Platon seine helle Freude gehabt hätte: Er lässt den Komödiendichter Aristophanes in seinem fiktiven Dialog »Symposion« nämlich genau diesen Mythos erzählen: Eigentlich habe der Mensch nämlich einmal ganz anders ausgesehen. Er hatte einen kugelförmigen Rumpf, je vier Hände und Füße. Zwei Gesichter mit je zwei Ohren. Statt aufrecht zu gehen, kugelten diese Rundmenschen durch die Welt, ein bisschen wie zwei Zirkusschimpansen, die sich gegenseitig an Knöcheln und Handgelenken packen und solcherart Purzel-Räder schlagen. Die Kugelmenschen waren ausgesprochen gut drauf und leider irgendwann etwas übermütig: Sie planten die Eroberung des Himmels und einen Aufstand gegen die Götter. Um sie zu bestrafen, schnitt Zeus jeden von ihnen in zwei Hälften. Eine echte win/win-Idee, fand er: Erstens waren die halbierten Kugeln jetzt deutlich geschwächt, zweitens gab es durch seine Schnippelaktion plötzlich doppelt so viele Menschen, die natürlich auch doppelt so viele Opfergaben an die Götter entrichteten.

Seine Aktion fruchtete, die Halbmenschen gaben Ruhe – hätten sie weiter revoltiert, hatte Zeus schon einen neuen Plan in der Hinterhand: Notfalls hätte er sie ein weiteres Mal halbiert, so dass sie dann auf einem Bein hätten hüpfen müssen. Doch schon als Hälften litten die Menschen so sehr unter ihrer Spaltung, dass sie sich ständig umarmen wollten, um so vielleicht wieder zusammenzuwachsen und wieder eins zu werden. Diese Bemühungen waren ihr ganzer Lebensinhalt, und allmählich drohten sie darum zu verhungern. Damit die verschmelzungstollen Menschen nicht aussterben, nahm Zeus einige chirurgische Modifikationen an ihren Geschlechtsorganen vor und versetzte sie so an den Körpern, dass die Menschen während des Sex ihr Einheitsbedürfnis wenigstens kurzzeitig stillen konnten und sie so wieder lebenstauglich wurden.

Ich finde diese Geschichte ausgesprochen gruselig, meine Facebook-Freundin wäre davon wahrscheinlich romantisch schwerst aufgewühlt. Als ambitionierte Hobbypsychologin kommt mir ihre aufdringliche Pärchen-PR schwer verdächtig vor. Als brauchten sie die dauernde Bestätigung von außen – »Süß, ihr Schnuckies!« –, weil der Kitt von innen schon anfängt zu bröckeln.

Ich würde sie gerne einmal fragen, ob sie sich schon mal realistisch vorgestellt hat, ihren Freund im Schlaf mit dem Kissen zu ersticken. Der amerikanische Psychotherapeut Dan Kinley glaubt nämlich, dass solche Todesphantasien ein deutliches Anzeichen dafür sind, dass man sich in seiner Beziehung in Wahrheit sehr einsam fühlt. Man stellt sich dann vor, der Partner oder die Partnerin würde plötzlich sterben – es muss nicht unbedingt der eigenhändige Mord sein, dass man ihm zum Beispiel einen kleinen Schubser geben würde, wenn er das nächste Mal fensterputzend auf der hohen, wackligen Leiter steht, oder ihr Gift in ihren samstagabendlichen Fernet Branca kippen würde, es genügt schon ein moralisch ja auch leichter verdaulicher Unfall. Man stellt sich jedenfalls vor, der Partner sei tot, plötzlich weg – und fühlt sich bei dieser Phantasie erleichtert und überraschend neu belebt. Für Kinley ist diese Phantasie ein Beispiel für kindlich-magisches Denken: Wenn man nicht weiß, wie man sich aus einer nicht ganz schrecklichen, eher so mittelprächtigen Beziehung lösen kann, in der es keine dramatischen Schieflagen gibt, in der man sich aber trotzdem abgrundtief einsam fühlt, wäre es eben die einfachste Lösung, der oder die andere würde beim Sommerurlaub in den Bergen versehentlich in eine tiefe Gebirgsspalte stolpern. Unschön, aber Problem gelöst.

Für mich bleibt unvorstellbar, warum man trotzdem in einer Beziehung verharren sollte, wenn man solche Ideen hat. Einmal vertraute mir eine extrem flüchtige Bekannte an, sie habe einen Artikel, in dem ich freimütig über die gelegentlichen Schattenseiten meiner Single-Einsamkeit schrieb, mit großer Erleichterung gelesen. Sie sei nämlich, so unter uns, kreuzunglücklich in ihrer Beziehung, aber dank meines Artikels konnte sie sich wieder einmal klarmachen, alleine sei es ja auch nicht immer automatisch nur schön, und so dank meiner Quartalstristesse neuen Durchhaltemut schöpfen. Es ist schon erstaunlich, dass auch die unglücklichsten Pärchen fest zu glauben scheinen, sie seien mit dem Möpperpeter oder der Miesetrine an ihrer Seite immer noch besser dran als durchschnittlich glückliche Alleinlebemenschen.

Die Sozialpsychologin Bella DePaulo erfand 2006 den Begriff »Singlism«, anlog zu Racism, Sexism und so weiter. Unter diesem Singlismus versteht sie »das Stereotypisieren, Stigmatisieren und Diskriminieren von Menschen, die Single sind«. Auf ihrer Webseite listet sie mögliche, völlig alltägliche Erscheinungsformen von Singlismus auf: Der Chef teilt einen bevorzugt zum Wochenenddienst ein oder erwartet, dass man klaglos länger arbeitet, weil man ja »keine Familie« habe. Die Leute in der Fernsehwerbung sind fast immer verheiratete Paare. Sitcoms drehen sich ebenfalls meistens um verheiratete Menschen – oder um Singles, die tollpatschig nach einem Partner suchen. Verheiratete haben steuerliche Vorzüge. Vermieter geben ihre Wohnungen bevorzugt an Paare. Pärchenfreunde gehen oft lieber mit einem zweiten Paar aus als mit einem selbst, weil man sich sicher »komisch« fühlen würde.

Am aggressivsten machen mich allerdings die kleinen, beiläufigen Wanzenbisse aus dem Vermitteltenlager. Warum ist es sozial gesehen völlig akzeptabel, auf Partys oder bei anderen oberflächlichen Gesprächsgelegenheiten zu thematisieren, warum man eigentlich »immer noch« alleine sei (und überhaupt von vornherein einmal davon auszugehen, das sei ein Zustand, der garantiert nicht dauerhaft gewünscht sei)? Wie man denn eigentlich den-und-den fände oder was einen an diesem-und-jenem jetzt schon wieder nicht gepasst habe? Und warum darf man als Single umgekehrt nicht nachfragen, warum *sie* denn eigentlich immer noch mit *ihm* zusammen sei? Ob sie wohl fürchte, sie kriege keinen Besseren mehr ab, ob sie Angst davor habe, alleine zu sein, oder ob beide ernsthaft glauben, die aktuelle Verbindung sei die bestmögliche Paarung, in der sie potentiell landen könnten?

Aber nein, das würde als unverschämt und grenzenbulldozernd gelten, und so hocken sie also ungestört weiter zusammen auf dem hohem Beziehungsross, einer umklammert den anderen in festem Koalagriff, wie damals die Paare auf dem Coldplay-Konzert, in das ich einmal umständehalber geraten war: Um mich herum lauter schwer manövrierbare, fest verklebte und verpaarte Doppelkekse, sie vor ihm stehend, er ihre Hüften haltend, die ärgerlich wurden, wenn ich – als Einzelmensch deutlich beweglicher – versehentlich kurz in ihrem Blickfeld stand.

Es gibt einen schönen Film über den gesellschaftlichen Zwang, eine Beziehung zu führen, »The Lobster« von

Yorgos Lanthimos. Ich begreife ihn als klitzekleine Entschädigung für all die Schrottstreifen, in denen die alleinige dramaturgische Triebfeder die verzweifelte Hatz nach einer Beziehung ist. Die amerikanische Comic-Zeichnerin und Autorin Alison Bechdel erfand 1985 den sogenannten Bechdel-Test: Mit ihm kann man überprüfen, ob in einem Film eines beliebigen Genres eigenständige weibliche Figuren vorkommen. Er besteht aus drei einfachen Fragen, werden sie mit »ja« beantwortet, hat der Film den Test bestanden:

Gibt es mindestens zwei Frauenrollen?
   Sprechen sie miteinander?
   Unterhalten sie sich über etwas anderes als einen Mann?

Vielleicht könnte man im Kampf gegen den Singlismus analog dazu einen weiteren Test für romantische Komödien einführen. Der Einfachkeit halber könnte man ihn ruhig Rützel-Test nennen, das wäre okay. Ich schlage dafür folgende Kriterien vor, denen sich ein Film stellen müsste:

Gibt es mindestens zwei Single-Charaktere?
   Ist mindestens einer davon grundsätzlich glücklich mit seiner Lebenssituation?
   Gibt es, was das »Happy End« angeht, eine echte Alternative zur finalen Verpaarung?

Ich sehe bei den zu erwartenden Ergebnissen eher schwarz.

Jedenfalls: »The Lobster«. Diese Satire spielt in einer Parallelwelt, in der jeder Mensch Teil eines Pärchens sein muss. Wer alleine ist, wird gezwungen, einen Partner zu finden. In einem abgelegenen Hotel haben die unerwünschten Abweichler 45 Tage Zeit, um eine Beziehung einzugehen. Gelingt es ihnen nicht, werden sie in ein Tier verwandelt, dessen Art sie sich immerhin – so viel persönliche Freiheit ist geblieben – selbst aussuchen dürfen. Gleich bei der Ankunft in diesem Straflager für Singles wird den Einzelmenschen eine ihrer Hände auf den Rücken gebunden, damit sie sich daran erinnern, wieviel einfacher das Leben ist, wenn man es zu zweit bestreitet.

Wir begleiten den alleinstehenden David durch seinen Aufnahmeprozess, bei dem er der Hotelmanagerin gleich nach seiner Ankunft mitteilen muss, in welches Tier er sich gerne verwandeln lassen würde, falls sein Aufenthalt nicht von Liebeserfolg gekrönt sein sollte. Er entscheidet sich für einen Hummer: »Weil Hummer über 100 Jahre alt werden, blaublütig wie Aristokraten sind und ihr ganzes Leben lang fruchtbar bleiben. Außerdem mag ich das Meer.«

Die meisten Menschen, erfährt David, wollten im fortgesetzten Singlefall gerne als Hund leben. Auch David checkt mit Hund ein: »Mein Bruder. Er war vor ein paar Jahren hier und hat es nicht geschafft.« Darum seien auch so viele exotische Tiere vom Aussterben bedroht, lernt David, weil die meisten Leute eben gerne ein Dackel wären und niemand eine Madagassische Schnabelbrust-Schildkröte. In jedem Fall sei die drohende Tierverwandlung nichts, worüber man sich groß sorgen müsse, erklärt die Hotelmanagerin weiter, es sei im Grunde nur eine zweite Chance, doch noch einen Gefährten zu finden. Nur eben als Tier.

Dann müsse er allerdings streng darauf achten, bei seiner Liebeswahl innerhalb seiner Gattung zu bleiben. Ein Wolf und ein Pinguin, das könnte unmöglich gutgehen. Nur gleiche Tiere sollen also zusammenfinden, und analog dazu werden auch gleiche Menschen zusammensortiert. Täglich gibt es Vorstellungsrunden, bei denen die neuen Gäste erklären, welches körperliche Merkmal sie besonders auszeichnet – das ist fortan ihr Charaktermal, das sie besonders macht. Es gibt den Hinkenden, den Lispelnden, die Frau mit der blutenden Nase und die Frau mit den Butterkeksen. David findet keine passende Doublette, als Kurzsichtiger hat er es vergeblich mit der Herzlosen versucht. Natürlich musste das grausam schiefgehen.

Vor jedem Frühstück wird im Verpaarungshotel von einer Lautsprecherstimme heruntergezählt, wie lange den Internierten noch für die Partnersuche bleibt. Die nur oberflächlich zur Zerstreuung angebotenen Schießübungen haben einen praktischen Nutzen: Die Zielscheiben haben die Form von Einzelmenschen und dienen dem praxisorientierten Training – denn abends wird zur Jagd auf Bewohner geblasen, die in den nahe gelegenen Wald geflohen sind, die »Loner«. Für jeden Zurückgebrachten gibt es einen Bonus-Tag auf dem Verkupplungskonto gutgeschrieben.

David flieht zu den Lonern und muss schnell lernen, dass auch ein Leben im Single-Untergrund nicht erstrebenswert ist, denn auch die Gegner der Zwangsverpaarung sind in rigiden Regeln gefangen. »Wir tanzen alleine«, sagt die Anführerin, »darum spielen wir hier auch nur Elektro.« Flirten und Verlieben sind streng verboten, es drohen drakonische Strafen. Wer beim Knutschen erwischt wird, dem droht der »rote Kuss« – eine blutige Verstümmelung der Lippen. Wer die verbotene Intimität noch weiter treibt, wird mit »rotem Sex« bestraft.

Im Hotel beglückwünscht die Hotelmanagerin derweil den Hinkenden und die Nasenbluterin zu ihrer Verpartnerung, die auch in Zukunft streng von den Beziehungsbehörden überwacht werde: »Sollten Probleme, Spannungen oder Streitereien auftreten, die sie selbst nicht lösen können, werden wir Ihnen Kinder zuweisen. Das hilft in der Regel sehr.«

Ich mag den Film (obwohl, dies auch als Warnung, brutal ein Hund zu Tode kommt). Nun ist mein Leben zwar keine Satire, zumindest nicht immer, aber ich bekomme trotzdem oft zu spüren, dass Paarsein, zumal in meinem Alter, schlicht als Normalzustand angesehen wird. Mein jüngstes Highlight in diesem Bereich ist die zunehmend ins Absurde wegkippende E-Mail-Konversation mit einer Frau, der ich über Ebay-Kleinanzeigen ein paar afrikanische Riesenschnecken (eine andere Geschichte) abkaufen wollte. »Wann kann ich sie abholen?«, fragte ich also, unmissverständlich singulär. »Am besten, ihr kommt gleich morgen«, antwortete die Schneckenfrau, so ging es mehrfach hin und her. Aufgestachelt erfand ich immer neue Nachfragen, um ihre offenbar hartnäckig programmierte Mehrzahldenke in Singleform zu zwingen. »ICH bin MIR nicht ganz sicher, ob MEIN Terrarium groß genug ist, was würdest du MIR empfehlen?« Doch je penetranter ich ihr mein »Ich« aufdrängte, desto stoischer schwemmte sie ein »Ihr« zurück. Fast hätte ich bei der Schneckenabholung dann tatsächlich noch jemanden mitgenommen, um ihr Bild zu erfüllen, so zermürbend fand ich unsere Korrespondenz. Selbst Afrikanische Riesenschnecken hält man übrigens mindestens zu dritt, damit sie sich nicht alleine fühlen.

Bizarrer wurde es dann nur noch letztens beim Gassigehen, als ich mit einer anderen Hundebesitzerin ins Gespräch kam. »Wie lange habt ihr ihn schon?«, fragte sie mit Blick auf meinen Hund, obwohl ich sichtbarst alleine vor ihr stand. So stahlstabil institutionalisiert ist die Vorstellung von 1+1, als wäre »der Partner« eine serienmäßig in jedes Leben gestanzte Leerstelle, die es unbedingt zu besetzen gilt. So kommt es mir auch immer vor, wenn Frauen in ihren Blogs oder Youtube-Vlogs von »dem Mann« reden und damit ihren Freund oder Ehemann meinen. Vermutlich soll das witzig sein, niedlich, kindlich: Fast klingt das, als wäre man eigentlich noch gar nicht alt genug dafür, so einen Erwachsenenkram wie einen Lebenspartner zu haben. Tatsächlich weist diese Formulierung dem Menschen statt einer Persönlichkeit eine Position in der normierten Familienaufstellung zu. Der Vater, die Mutter. Der Mann, die Frau. Und dann denke ich manchmal an Luhmann, das ist schön, da kommt man sonst ja so selten dazu, nämlich an seinen Satz: »Man liebt das Lieben und deshalb einen Menschen, den man lieben kann.«

Ich kann mich noch gut erinnern, als ich mich zu Beginn meines Soziologiestudiums durch Niklas Luhmanns Buch »Liebe als Passion. Zur Codierung von Intimität« rumpelte. Rumpelte, weil es sich nicht traditionell vergnüglich, dafür mit umso mehr Erkenntnisgewinn liest. Luhmann betrachtet die Liebe nämlich, wie es eben seine Art ist, streng systemtheoretisch: Wie das Geld in der Wirtschaft, die Wahrheit in der Wissenschaft und die Macht in der Politik sei sie ein »Medium«, eine Art Verständigungsmittel, das für Ordnung sorgt. Das ist eine weitere der drei Sachen, die ich mir aus meinem fragmentarischen Soziologiestudium gemerkt habe.

Und mir ist eine Liste mit Zitaten geblieben, die ich mir damals abgeschrieben habe. Eins davon kann ich immer noch auswendig, weil es mich damals so erstaunt und meine blümchenverbrämten Vorstellungen von Liebe und Beziehungen ordentlich durchgerüttelt hatte: »Unter der

Vorstellung, ihr Glück zu suchen, dienen Individuen der Reproduktion der Menschheit. Die Gesellschaft muss dafür in Liebe und Ehe Formen bereitstellen.« Liebe sei darum also kein Gefühl, sondern eher eine gesellschaftliche Organisationsform, die nur deshalb so aufwendig verkitscht wird, damit die darin verstauten Menschen das nicht merken und anfangen könnten, dieses praktische Gefüge zu hinterfragen. Mit einem Bollerwagen voller entsprechend bedruckter Flugblätter würde ich gerne mal über eine Hochzeitsmesse ziehen.

Die ökonomischen und strukturellen Funktionen der Liebe aber sind mindestens ebenso große Tabus wie die Frage, ob man zu zweit wirklich weniger einsam – oder eigentlich dann doch nur einsam hoch zwei ist – ich weiß es, ich habe es bei legendär gescheiterten Gesprächen mit Pärchen ausprobiert. Darf Einsamkeit überhaupt noch vorkommen, gefühlt und zugegeben werden, wenn man doch zu zweit und demnach schon rein physikalisch beweisbar nicht alleine ist?

Ich las bei Rilke einmal den Wunsch, zwei Liebende möchten »jeder den anderen zum Wächter seiner Einsamkeit« bestellen, das gefiel mir wahnsinnig gut. Nach seiner Ansicht gehe es bei der (ohnehin schwerst überschätzten) Einrichtung der Ehe nicht darum, hastig alle Grenzen zwischen den beiden Beteiligten niederzureißen und sich zu einer allumfassenden Gemeinschaft zu ballen – schließlich könnten auch zwischen einander sehr nahestehenden Menschen »unendliche Fernen« bestehen bleiben. Viel erstrebenswerter, als gänzlich ineinander aufzugehen, sei aber »ein wundervolles Nebeneinanderwohnen«. Das sei eigentlich das wichtigste Kriterium, wenn man sich überlegt, ob man mit jemandem zusammen sein möchte: »ob man an der Einsamkeit eines Menschen Wache halten mag, und ob man geneigt ist, diesen selben Menschen an die Tore der eigenen Tiefe zu stellen«.

Ich hatte eine drei Jahre während Beziehung, in der Zusammenziehen niemals zur Debatte stand, in der mein Freund aber stets allabendlich mit seinem eigenen Federbett anreiste, aus Gründen der Behaglichkeit, die Decke aber nie bei mir im Bett liegenließ, aus Gründen der demonstrativen Unabhängigkeit – Rilke hätte uns keinesfalls vorwerfen können, wir hätten vorschnell irgendwelche Grenzen eingerissen. Er brachte also stets seine eigene Bettdecke mit, damit jeder von uns eingesponnen in das eigene Federbett schlafen konnte, wie verpuppte Insekten, die nebeneinanderliegen, sich berühren und doch im eigenen Selbst versponnen sind. Als wir uns trennten, gab die Schlussszene unserer Beziehung immerhin ein paar schöne Motive ab, über die man in einem tragikomischen Film von Zach Braff die Endcredits laufen lassen könnte: Er performte damals einen einsamen Tanz auf dem Parkplatz vor meinem Schreibtischfenster, den Schwarzvogeltanz aus Madonnas »Frozen«-Video, das war damals en vogue, so lange ist das her, und zwar obwohl er nicht wusste, ob ich tatsächlich in diesem Moment aus dem Fenster schauen würde, ihm noch mal hinterhersehen, als er ins Auto stieg. Er trug dabei, wie fast immer, die lange, schwarze, ausgebeulte Strickjacke, die ihm seine Mutter handgearbeitet hatte, und sah aus wie ein trauriger Rabe.

Im vergangenen Jahr traf ich ein besonderes Paar, um ein Porträt über die beiden und ihre besondere Lebenssituation zu schreiben, das den rilkeschen Einsamkeitsspruch für mich unerwartet lebendig werden ließ. Sabine war Anfang sechzig, Bert Anfang siebzig, beide seit bald vierzig Jahren verheiratet – und ein Paar, das im Alter beschlossen hat, sich Alleinsein zu schenken. Voneinander, nicht miteinander. Nein, falsch, doch auch irgendwie miteinander. Es ist kompliziert, weil es ungewohnt ist, obwohl es eigentlich ganz einfach aussieht.

Wenn Sabine über ihre Wohnsituation spricht, verwendet sie gerne ein Bild aus der Hühnerwelt: »Getrennte Käfighaltung im Alter«, sagt sie: »Wenn Hühner zu eng aufeinandersitzen, muss man sie auch trennen, damit sie sich nicht in die Federn bekommen.« Mit Bert hat sie darum, als die drei Kinder alle aus dem Eigenheim im Grünen ausgezogen waren, einen neuen Beziehungspakt geschlossen: Beide sind weiterhin ein Paar, aber sie leben in getrennten Wohnungen, die aneinander angrenzen – verbunden durch eine einzige Tür.

»Käfighaltung« ist natürlich nur eine kokette Umschreibung, denn beide Neubau-Wohnungen sind hell, luftig und barrierefrei – und bis auf kleine Details tatsächlich nahezu baugleich. An den dominierenden Farben und den Möbeln aber erkennt man, welche unterschiedlichen Vorlieben sich die beiden auch nach über 27 gemeinsamen, pragmatischerweise natürlich auch kompromissreichen Jahren im Familienheim bewahrt haben: Über ihrem Sofa leuchtet eine goldene Sonne, auch sonst dominieren warme Gelbtöne, er liebt es sachlich anthrazitfarben, mit einer roten Küchenwand als knalligem Tupfer.

Ich saß mit einer Tasse Tee (mit Kokosblütenzucker, aus *ihrer* Küche) auf einem ihrer Sessel, die beiden saßen umarmt auf dem Sofa unter der Goldsonne und sahen kolossal glücklich aus. »Als wir beschlossen, aus unserem Haus in getrennte Wohnungen zu ziehen, dachten viele unserer Freunde: Das ist eine verkappte Trennung«, erzählte Sabine. Tatsächlich ist zumindest die räumliche Trennung massiv sichtbar, eine Feuerschutztür zwischen den beiden Bereichen. Sie ist nicht nur die räumliche Grenze zwischen den beiden Wohnungen, sondern auch ein Bild für die Beziehung ihrer Menschen: Wenn es brenzlig wird und einer von beiden genervt vom anderen ist, kann sie oder er die Tür schließen und sich in seinem eigenen Bereich Zeit und Platz für sich nehmen – ohne das begründen zu müssen und ohne dass der andere sich davon gekränkt oder beleidigt fühlt.

Dieses Bedürfnis nach Auszeiten und bewusstem Alleinsein ist Sabine von einer Krankheit geblieben, an der sie vor 22 Jahren fast gestorben wäre. Seit der Krebserkrankung sehnte sie sich oft nach Stille, ihrem eigenen Rhythmus, dem Nur-für-sich-Sein. Ihren Mann hatte sie schon mit 19 Jahren kennengelernt und darum noch nie wirklich alleine in einer eigenen Wohnung gelebt. Jetzt wollte sie ihr eigenes Tempo gehen, ihren eigenen Raum haben, ganz ohne Kompromisse. Den *room of one's own* haben.

Roland Barthes beschrieb in seiner Vorlesung »Wie zusammen leben«, die er in den siebziger Jahren am Collège de France hielt, eine ganz ähnlich organisierte, wünschenswerte Lebensweise: In seinen »idiorhythmischen Siedlungen« lebten Menschen zwar miteinander, aber mit so viel eigenem Platz nur für sich selbst, räumlich und auch sonst gesehen, dass jeder trotz Gemeinschaft ganz seinem eigenen Rhythmus folgen kann. Sabine und Bert haben diesen »utopischer Sozialismus der Distanz« ganz federleicht in die Praxis umgesetzt.

»Als wir noch in unserem Haus wohnten und mein Mann in Rente ging, haben wir plötzlich so viel Zeit miteinander verbracht wie noch nie zuvor«, sagt Sabine. Da ist er mir an manchen Tagen auch auf den Wecker gegangen, das war mir zu viel Nähe.« Damals hätten beide auch darüber gesprochen, ob sie sich vielleicht trennen sollten: »Wollen wir bis zum Ende zusammenbleiben? Oder wollen wir uns noch einmal freigeben?« Nun seien beide deutlich entspannter, weil diese nagende Grundgenervtheit wegfällt, die sich an banalem Alltagskram nährt. Sie lachten viel gemeinsam, und zum ersten Mal kann jeder von ihnen ungestört in seinem eigenen Rhythmus leben. Tagsüber steht die trennende Tür meist offen, für die Nacht wird sie geschlossen. Sie geht dann manchmal schon um acht ins Bett und macht dafür Yoga, wenn der Morgen graut. Er hört bis in die Nacht seine Jazzplatten und schläft dafür lieber aus. Viele Menschen in ihrem Umfeld konnten nicht verstehen, dass das geschenkte Alleinsein beide näher zusammengebracht hat. Ich muss seit unserer Begegnung immer wieder an die beiden und ihre souveräne Interpretation einer Beziehung denken, in der die Ich-Zeit genauso wichtig ist wie die Wir-Zeit.

DATE MIT DON

Ich will, dass das Fernsehen für mich sorgt. Mir jeden Abend freundlich, aber bestimmt, mein Unterhaltungsprogamm vorsetzt, mit möglichst überschaubaren Auswahlmöglichkeiten. Damit ich mich nur noch davorlegen muss und mich beflimmern lassen kann wie von einem warmen Sommerrieselregen, der die Langweile hinfortspült, die zwischendurch natürlich auch öfter mal aufkommt, wenn man viel alleine ist (und wahrscheinlich auch, wenn man viel zu zweit ist). All die Streamingportale mit ihren überquellenden Katalogen nerven und überfordern mich. Wenn ich hier etwas suche, fühle ich mich immer, als stolpere ich ziellos durch einen riesigen Wohnbunker mit endlosen langen Gängen und tausend Türen zu handtuchschmalen Kammern, in denen die Serien wohnen. Wirklich, ich trauere öfters den analogen Zeiten hinterher, in denen das Fernsehen für mich durch seine (nur von der Videothek unterlaufene) Programmautorität fast eine Art Erziehungsberechtigter war. Wenn auch ein eher mittelmäßig fürsorgliches Elternteil, das seinem Kind nur Cola zu trinken gibt und abwechselnd Schaummäuse und altes Hasenbrot serviert.

Ich finde es anstrengend, dauernd nach neuen Serien zu suchen. Und noch anstrengender, wenn Leute fast täglich auf Twitter und bei Facebook quengeln, dass man ihnen neue Serien empfehlen soll. Serien leisten vielleicht das, was man sich von Social Media erhofft. Das Gefühl von Aufgehobensein, zumindest ein paar Staffeln lang. Und – das haben sie dank ihrer Streamingform dem von mir schmerzlich vermissten linearen Fernsehen dann doch voraus: Sie liefern ein ganzes Arsenal beliebig an- und ausschaltbarer Ersatzfreunde.

Vor 15 Jahren baute ein Bekannter seiner Lebensgefährtin, die für den neuen Job ohne ihn ans andere Ende Deutschlands ziehen musste, aus Betoneimern, Besenstielen und mit Gesichtern bemalten Luftballons künstliche Freunde, die sie alleine in der Fremde aufmuntern sollten: anspruchslose Gefährten, die sie um ihren Tisch gruppieren konnte, damit sie nicht alleine zu Abend essen musste, zum Beispiel. Ich konnte mich damals nicht entscheiden, ob ich das völlig irre oder wahnsinnig praktisch fand. Und muss immer wieder mal an diese Ballon-Buddys denken, wenn ich mir zum Abendessen noch schnell eine Folge meiner Lieblingsserie streame, damit ich die Spinatnudeln nicht alleine verzehren muss.

Meine soziale Betreuung übernehmen also mitunter Serienfiguren, das ist kein Problem, denn man kann sie genauso heiß lieben wie echte Menschen, wenn man sich nur die Serie mit der passenden Personentiefe aussucht, die ihre Figuren so geschichtsdicht und mit so vielen Ebenen auskleidet, wie man auch seine gewöhnlichen Freundschaften am liebsten hat. So viele Leben hat man auf einmal zur Auswahl, die einen vom eigenen Leben ablenken können, das im Vergleich so viel langweiliger ist, und dafür lohnt es sich dann auch, immer wieder mal durch den Wohnklotz mit den vielen kleinen Kammern wandern zu müssen.

Jeder und jede, der eine Serie und ihre Figuren schon einmal so heiß geliebt hat, dass er oder sie bei ihrem Ende nach sechs, sieben Staffeln echte Tränen vergießen musste, weiß längst, was die psychologische Forschung herausgefunden hat: Die Beziehungen, die wir mit Seriencharakteren eingehen, mögen zwar einseitig sein, weil sie uns umgekehrt leider nie kennenlernen werden, doch dafür ähneln diese »parasozialen« Beziehungen, so der Fachbegriff, immer mehr auch echten, zwischenmenschlichen Freundschaften, wenn wir im Laufe der Zeit und der Folgen immer tiefer in den erfundenen Leben, kleinen Eigenheiten, den schönen und schlimmen Momenten versinken. Ein Artikel im »Journal of Experimental Social Psychology« testete die sogenannte »Social Surrogacy Hypothesis« (die passenderweise klingt wie ein Folgentitel von »The Big Bang Theory«, diesem gruseligen, niemals endenden Lehrstück über den Horror toxisch aneinanderklebender Freundesgruppen und Paare) – die Autoren hatten herausgefunden, dass Menschen, die sich einsam fühlen, in akuten Solokrisen von ihrer Lieblings-Fernsehserie getröstet werden können. Was den Schluss nahelegt, dass Menschen sich behelfsmäßigen Ersatz-Sozialkontakten zuwenden, wenn echte zwischenmenschliche Beziehungen gerade nicht möglich sind. Ganz besonders gelte das für Menschen, die gerade noch einen frischen Streit oder eine akute Enttäuschung im Kopf hatten: Sie neigten dazu, so die Studie, diese angeknacksten Beziehungen durch intakte parasoziale Beziehungen zu ersetzen.

Normalerweise fühlten Menschen sich nach solchen unschönen Beziehungsturbulenzen oft zurückgewiesen, traurig und minderwertig. Die Testpersonen, die direkt Trost bei ihren liebsten Serienfiguren gesucht hatten, seien gegen diese negativen Gefühle besser abgepuffert gewesen – dem Menschen, diesem gefallsüchtigen Wesen, reicht es in der größten Not offenbar auch, wenn er sich an Freunde andocken kann, die im Fernsehen leben. Schließlich, das ist der Vorteil solcher extrem einseitigen Beziehungen, sind sie auf ihre Weise auch sehr sicher und komfortabel: Ein Serienfreund wird einen niemals mitten in der Nacht aufgelöst anrufen, weil gerade grundlos sein Heizkörper aus der Wandhalterung gebrochen ist, dabei das Wasserzuflussrohr mitgenommen hat, und nun steht die halbe Wohnung unter Wasser, Hilfe! Genügsam geben sie nur, ohne zu fordern, sind immer da, wenn man sie braucht – solche Freunde sind selten geworden in einem Leben, in dem wuchernde Terminpläne und anderweitige Verpflichtungen eine simple, private Verabredung mitunter zu einem bürokratischen Großakt machen. Viel unkomplizierter ist es inzwischen, sich gefühlsmäßig in ein Netzwerk aus fiktiven Drogenhändlern zu integrieren. Oder in eine Ersatzfamilie mit knallgelber Haut und fragwürdigen Frisuren.

Die meisten Serienschauer merken dabei nicht, dass ihre Helden Trojanische Pferde sind. Viele der beliebtesten Serienfiguren sind bei näherer Betrachtung überraschend coole Rolemodels dafür, wie man mit moderner Einsamkeit umgehen kann. Lauter heimliche Botschafter dafür, dass Loner-Leben vielleicht doch die interessanteren sind. Die aufregenderen sowieso: Fast alle Superhelden sind entschiedene Einzelgänger. Batman verbringt reichlich *me time* in seiner Batcave, Superman hat gar eine ganze Festung zum Drin-herum-Einsamen, seine »Fortress of Solitude«. Die Originalversion dieser Trutzburg wurde 1958 in einem Superman-Comic eingeführt und war in eine steile arktische Eisklippe gemauert, versteckt hinter einer monströsen goldenen Tür mit einem Schlüsselloch, etwa in Eiffelturmgröße. Den passenden Schlüssel konnte praktischerweise nur Superman heben. Vielleicht, sagt der Hausherr im etwas umständlich benannten Comic-Heft »Das Geheimnis von Supermans Festung der Einsamkeit«, das ich besitze, seit ich zehn Jahre alt bin, vielleicht sei sie der einzige Ort im ganzen Universum, wo er in Ruhe meditieren, nachdenken oder einfach mal entspannen könne: »Wo ich die ganze Welt ausschließen und allein sein kann … wie jeder Mann ab und zu mal allein sein muss!«

Innenarchitektonisch interessierte Alleinsame fragen sich nun sicher, wie man so eine Festung für erholungsbedürftige Einzelhelden denn adäquat einrichtet. Neben den offensichtlichen Notwendigkeiten wie einem Superwaffenraum mit allem gefährlichen Gerät, das Superman jemals von besiegten Superschurken einkassierte, und einer Wand mit Monitorschirmen, die ihn über Notfälle auf der ganzen Welt informieren, beherbergt die Festung auch einen Alien-Zoo (mit Rieseninsekten und Mini-Dinosaurieren, einem Wutbiest, Pelzfröschen und Schnabelkatzen), ein stählernes Tagebuch, in das Superman erst mit seinem unzerstörbaren Finger seine Erinnerungen (»Morgens ausgeschlafen, mittags Welt gerettet, abends Pizza«) ritzte, bis er später auf praktische Gravierpads zurückgriff, mit denen er durch die bloßen Kraft seiner Gedanken Text einmeißeln konnte, und eine Kegelbahn, auf der man idealerweise 100 Kegel mit einem einzigen Wurf umlegt. Gruselig fand ich als junge Leserin die Freundschaftsausstellung mit Porträts von Leuten, deren Leben er retten will, und mit lebensechten Wachsfiguren seiner Freunde. Mein liebstes

Einzelbild in meinem abgegriffenen Comic-Band finde ich immer noch fast ohne Blättern: Superman sitzt in einem bequemen Fernsehsessel, trinkt einen schönen Schoko-Shake und zappt ein bisschen herum, obwohl er weiß, dass er nur noch fünf Sekunden Zeit hat, um die Welt vor ihrer kompletten Zerstörung zu retten.

Er schafft es trotzdem, aber natürlich nur, weil er alleine ist, sich ganz auf seine Aufgabe konzentrieren kann und kein überflüssiger Sidekick dazwischenquakt. So wie fast alle Serien-Journalisten, -Anwälte, -Doktoren und -Ermittler ihrer Berufung nur nachgehen können, wenn sie alleine sind und Nachtschichten ohne ihr Team kloppen, in ihrem schmandigen Büro übernachten und das Restleben opfern: Wer es in einer Serie ernst meint mit seinem Job und wirklich dafür brennt, ist meistens ein einsamer Hund mit mindestens angeknacksten Familienverhältnissen, wenn überhaupt vorhanden. Der einsame, terrierartig in seiner Aufgabe festgebissene Schmorer im Schatten ist eine unverzichtbare Serienfigur. Ohne ihn hätte man niemals hochklappbare Mantelkrägen erfunden. Das Raffinierte ist, dass bei diesen Charakteren ihre Einsamkeit nie das hervorstechendste Merkmal ist. Die Tony Sopranos, Gregory Houses und Jimmy McNultys der Serienwelt sind liebenswerte Mörder, herzlose Sarkastiker und besessene Saufköpfe – UND heimlich eben auch verlassene Hascherl. Die plakativ Einsamen, die ihre dauerversingelte Verzweiflung vor sich hertragen, sind es meistens dann doch nicht. Dan

Humphrey aus »Gossip Girl«, der stets programmatisch »lonely boy« genannt wird, ist natürlich nur eine Finten-Figur, die davon ablenken soll, dass der geckige Egomane Chuck Bass hinter all seinen Intrigen das wahre einsame Seelchen ist. Bis man das als durchschnittlicher Zuschauer ohne aufgerüsteten Einsamkeits-Radar bemerkt, ist man schon vollends für ihn eingenommen, und die heimliche Einsamkeitspropaganda hat wieder einmal hervorragend verfangen.

Drei Charaktere und verdeckte Einsamkeitsadvokaten habe ich im Laufe meiner Serienguckerei besonders ins Herz geschlossen. Der erste: Don Draper aus »Mad Men«. »Mad Men« handelt in Wahrheit nämlich gar nicht von den goldenen Pionierjahren der Werbetreibenden, sondern von einsamen Menschen. Alle Charaktere sind hier alleine, jeder auf seine Weise, und jeder hat seine eigene Strategie, dagegen anzustrampeln oder sich zumindest zu arrangieren. Zusammen schreiben die Mad Men und Women eine Art Praxishandbuch der Alleinseinsbekämpfung: Pete Campbell intrigiert über seinen Schmerz hinweg, Roger Sterling maskiert sich als Partyclown, Betty Draper rettet sich in die nächste Ehe, um sich selbst nicht zu spüren. Peggy Olson vergräbt sich in Arbeit – und bekommt von ihrer Mutter zu hören: »Du bist einsam? Hol dir eine Katze.« Don Drapers Einsamkeitsstrategie ist eine Rundum-Gemütsimprägnierung. Schon bei einem seiner ersten

Auftritte, in der ersten Folge der ersten »Mad Men«-Staffel, hält er einen extra-abgezockten Iceman-Monolog darüber, dass das, was man so Liebe nennt, ohnehin nur von Typen wie ihm erfunden wurde, um Nylonstrümpfe zu verkaufen: »Du wirst alleine geboren, und du stirbst alleine, und zwischendurch lädt die Welt einen ganzen Haufen Regeln auf dir ab, damit du diese Tatsachen vergisst.« Er selbst aber habe das nie vergessen, und darum lebe er ganz so, als gebe es kein Morgen – als Lügner, Betrüger, Abschlepper, Egomane – »denn es gibt keines«.

Er ist deswegen ein so begabter Werbemensch, weil er ein Angeknackster ist, der die Risse im Gemüt der anderen Menschen lesen kann – und es blendend versteht, ihnen passgenau Produkte als Trösterchen für unerfüllte Bedürfnisse anzudrehen. Sein größter Erfolg ist die berühmte, real existierende »I'd like to buy the world a Coke«-Brausewerbung, in der es natürlich nur höchst vordergründig um Limo geht und die eigentlich das Verlangen eines einsamen Menschen formuliert, die ganze Welt mit Limo zu beschenken, weil er sich mehr Verbundenheit mit ihr wünscht. Dons Dinganpreisungen sagen ihrem Betrachter: Du bist nicht alleine mit deinen Wünschen, hinter denen viel tiefere Bedürfnisse stehen als Limodurst.

Dass er selbst auch nicht alleine ist, merkt er schließlich erst nach sieben Staffeln, in der letzten Episode, da schließt sich ein schöner thematischer Einsamkeitsreigen: Don ist bei einer Art Hippie-Retreat, wo Leonard, ein weiterer Teilnehmer, vor der Gruppe einen Nervenzusammenbruch erleidet. Niemand habe sich je für ihn interessiert, im Büro hätten seine Kollegen stets achtlos durch ihn hindurchgesehen, zu Hause würde seine Familie nicht einmal aufblicken, wenn er von der Arbeit zurückkommt. »Als würde sich niemand jemals darum scheren, wenn ich weg bin.« Als er anfängt zu weinen, steht Don aus dem Sitzkreis auf, geht zu ihm, hält ihn, weint mit ihm. Und fährt dann zurück nach New York und erfindet die weltumarmende Coke-Anzeige.

Meine nächste Einsamkeitsserienheldin ist Buffy, die Vampirschlächterin. Ein zierliches, blondes Mädchen mit einer unüberwindbaren Neigung zu Wortspielen und unüberlegten Schuhkäufen – und die einzige Person, die die Erde und ihre Menschen von Vampiren, Dämonen und anderen mythischen Bösewichtern schützen kann. Ein Alleinstellungsmerkmal, das schon von vornherein sehr einsam machen muss. Sie ist *the chosen one*, wie es im Anfangstrailer jeder Folge heißt: »She alone will stand against the vampires, the demons, and the forces of darkness.« *She alone* – sie, alleine. Buffy, die Auserwählte, ist von einer obskuren Vorsehung dazu bestimmt, Dämonen, Vampire und eine Vielzahl anderer übernatürlicher Bösewichter zu töten, die emsig und beständig aus dem Höllenschlund auf die Erde klettern. Besonders durchlässig ist dieses Tor zwischen der Erde und der Unterwelt im kalifornischen Städtchen Sunnydale, wo

Buffy lebt – dort liegt das Tor zur Hölle direkt unter der Schulbibliothek.

Im Laufe ihres siebenjährigen Serienlebens hat Buffy eine beeindruckende Schar von Verbündeten und Helfern um sich versammelt (eine feministisch-demokratische Alternative zum männlichen Einsamer-Held-Klischee), mindestens sechs Weltuntergänge abgewandt und eine ganze Reihe persönlicher Traumata durchgestanden – und möglicherweise ist ihre einzige wirkliche Schwäche ihre bestürzend grundsätzliche Einsamkeit. Zwar beschwert sich sogar Vampir Spike, als er frisch nach Sunnydale zieht, maulig darüber, dass Buffy – anders, als es die jahrhundertealte Tradition der einsamen Jägerin will – überraschenderweise eine Gang von Freunden habe, die ihr bei den nächtlichen Patrouillen helfen (»So stand das nicht im Prospekt!«), doch bei Buffy schlägt knallhart die Einsamkeit als menschlicher Grundwesenszug durch: Bei aller Empathie und Liebe kann keiner ihrer Freunde wirklich nachfühlen, was es heißt, als Auserwählte die Last der Verantwortung am Ende ganz alleine zu tragen.

Buffy ist dabei nicht die Einzige, die trotz guter Freunde zutiefst einsam ist – wie bei »Mad Men« verbirgt sich auch in »Buffy, the Vampire Slayer« (das nur auf den allerersten kurzsichtigen Blinzelblick, im Vorbeihuschen, bei schlechten Lichtverhältnissen, einfach eine weitere Teenie-Serie über knutschwürdige Vampire ist), eine ganzes knallvoll gesammeltes Einsamkeits-Sammelalbum: Buffy ist alleine mit ihrer Slayerbürde, Willow verliert ihre Geliebte, Xander ist der einzige nichtmagiebegabte, nichtsuperschlaue Grundnormalo der Gang, Cordelia, das ikonographische *popular girl* einer jeden Highschool-Serie, spürt, dass Menschen sie nur benutzen, um sich in ihrer Beliebtheit zu sonnen, Buffys Mutter Joyce ist einsam, als Buffy zu Hause auszieht – selbst die Vampire, von naiven Romantikern auch *lonely ones* genannt, leiden mitunter unter der Last der Unsterblichkeit.

Am Ende überwindet Buffy ihre Schwäche, indem sie sich bewusst gegen die aufgezwungene Einsamkeit ihres Amtes entscheidet. Sie ändert einfach die Regeln und beschließt, ihre Gabe – und ihre Verantwortung – zu teilen. Und statt der einen, einzigen *chosen one* erwachen überall auf der Welt neue Slayerinnen, die sich zusammenschließen, um gemeinsam zu kämpfen.

Ein einsamer Mann, eine einsame Frau – fehlt nur noch ein einsames Tier. BoJack Horseman, trauriger Held der gleichnamigen Serie, ist ein abgehalfterter (Zeichentrick-)Showzossen, ein menschenähnlich lebendes Pferd, das früher mal ein gefeierter Sitcom-Star war, mit dem ausbleibenden Erfolg nun aber in jeder Episode von Hoffnungslosigkeit, Panik und natürlich einem Gefühl des Verlassenseins gebeutelt wird – und das alles stets umgeben von einem Tingeltangel an Showbiz-Knallchargen. Er erzählt Geschichten über einsame Pferde und einsame Menschen, die nie alleine und doch völlig verlassen sind, seine Einsamkeit schnürt ihm die Luft am gröbsten ab, wenn er gerade auf der lebhaftesten Party ist. Weil die Menschen und menschenähnlichen Tiere zwar mit ihm sprechen, aber niemals zuhören.

Am deutlichsten wird das in der vierten Folge der dritten Staffel. BoJack ist zu einem Unterwasser-Filmfestival geladen, wo er seinen neuen Film, seine erste Arbeit nach langer Zeit, präsentieren soll. Um auf dem Meeresgrund atmen zu können, bekommt er sofort bei der Ankunft eine Taucherglaskugel übergestülpt, die jedes Wort unhörbar abdämpft. Wobei ihn sowieso niemand verstehen würde, denn die Meeresbewohner gurgeln und blubbern in unterschiedlichen Fischdialekten, die er seinerseits nicht dechiffrieren kann. Es ist die klassische »fish out of water«-Konstellation, originellerweise dieses Mal im Meer angesiedelt, die man auch aus dem Film »Lost in Translation« kennt. Es wird ungewöhnlich wenig gesprochen in dieser Episode, so bleibt beim Zuschauen genug Luft, um BoJacks Verhalten in einem völlig fremden Umfeld mit seiner niedergeschlagenen Lethargie in seiner vertrauten Umgebung zu vergleichen – und zu bemerken, dass da kein sonderlich großer Unterschied besteht.

So bizarr das Setting der Serie zuerst scheinen mag, so überraschend schnell gelang es mir schon nach den ersten Folgen, mich in den einsamen Klepper BoJack einzufühlen. Vielleicht fällt es paradoxerweise leichter, sich in seinem Kummer und seinem Gefühl des Abgehängtseins, aber auch in seinem Gefühl, von den anderen abgestoßen zu sein, wiederzufinden, gerade weil er kein Mensch, sondern ein Pferd ist – ein schlauer Verfremdungseffekt, der die Spiegelung eigener Erfahrungen immer noch auf einer spielerischen Ebene hält. Wie verrückt klingt es, zu sagen, dass ich mehr Gemeinsamkeiten mir BoJack Horseman habe als mit einigen meiner vermeintlichen Freunde? Da ist sie wieder, die sonderbare Kraft parasozialer Beziehungen. Natürlich haben sie, obwohl sie so herrlich aufwandsarm zu unterhalten sind, am Ende dann doch einen Haken: Nämlich genau den, dass sie eben endlich sind. Und sich, wenn die unwiederbringlich letzte Folge der letzten Staffel zu Ende geht, dann eben auch ein bisschen so anfühlen, als hätte eben jemand mit einem Schluss gemacht oder wäre zumindest ganz weit weggezogen, in ein Land ohne Netz und Kameras. Als alleinsamer Mensch bleibt mir dann nur ein Weg, mir über dieses Verlassenheitsgefühl hinweg zu trösten: Ich muss mir eine neue Serie anlachen.

MEIN FREUND IST AUS EISEN

Der Taxifahrer war viel gemeiner zu mir als alle Roboter zusammen. Gut, ich räume ein, dass ich eventuell ein bis zwei Ouzo zu viel aus dem Drachenpenis getrunken hatte. Vielleicht war Wien auch einfach mein Kryptonit, das mich auch dieses Mal wieder derart verschwächlichte, dass ich mich nicht imstande sah, diese Taxifahrt aufrecht sitzend zuzubringen. Ich war auf dem Heimweg von einer Convention für Roboter, die Cocktails zubereiten, der Roboexotica, und deren Prunkstück war besagter Pappmaché-Drachen, den man durch Kraulen und Dirty Talk zur Anisschnaps-Ejakulation treiben konnte.

Es war ein herrlicher Nachmittag gewesen, und ich war in selbstgefälliger Hochstimmung: Wenn es zuletzt mit den Menschen nicht so recht klappen wollte, vertrieb ich mir meine Zeit eben mit Robotern, ha! Aber jetzt saß ich ermattet und angetrunken im Taxi. Ich ließ meinen Oberkörper langsam seitwärts sinken und hatte gerade ungefähr eine 45-Grad-Neigung erreicht, als der Taxifahrer mich selbst für Wiener Verhältnisse brüsk anwies, mich jetzt bitte schön wieder gescheit hinzusetzen. Nur eine kleine Perle in der Kette der Demütigungen, die mir dieser Tag bereits beschert hatte. Mein Fußknöchel pochte in den Stiefeln, weil ich mir auf dem halb glitschigen, halb klebpappigen Boden der Convention-Räumlichkeiten eine Verknacksung zugezogen hatte. Ich lagerte mein Bein quer über den Sitz. »Liegen Sie schon wieder?«, barschte der Fahrer. Warte nur, Freundchen, dachte ich mir: Es wird nicht mehr lange dauern, bis meine neuen Roboterfreunde ihren Führerschein haben, und dann wird es eng für dich.

Von Nerds zusammengeklöppelte Roboter als Trinkkumpane, das klingt nach einem Nachmittagsprojekt von übermütigen Pennälern mit Zugang zu Pappmaschee und Papas Hausbar, ist aber Technologiekritik und der Versuch, »die Zukunft der Vergangenheit zu retten«, erzählte mir der Veranstalter. Jene schillernden Ideen von unserem künftigen Prachtleben nämlich, das sich Menschen seit den Sechzigerjahren erträumten: dienstbare Roboter, die uns endlich jegliche Mühsal des Alltags abnehmen würden. Nie mehr pappige Fingerkuppen vom Orangenschälen, nie mehr eigenhändig und mühsam die Perserkatzenflusen von der Kaschmirjacke zupfen, nie mehr, und da wurde es interessant, den Muffelpartner um eine Rückenmassage bitten müssen. Oder sich an schlechten Abenden, an denen die Einsamkeit stickig und lähmend wird, vergeblich nach Gesellschaft sehnen. Freund Roboter würde all das übernehmen, dachte man. Sich wie Data, der ulkige Geselle aus Star Trek, so sehr bemühen, von seinem Menschen gemocht zu werden, dass er wie der sensible Androide dabei keine Mühen scheuen und sogar lernen würde, wie man fröhliche Liedchen pfeift.

Seit 1999 fordert die jährliche Roboexotica die Erfüllung genau dieser Idee von Fortschritt, die längst putzig überholt und schmerzhaft retro ist. »Sie haben uns fliegende Autos versprochen, jetzt wollen wir sie auch haben«, sagt der Veranstalter mit kokettem Trotz. Oder, wenn das zu viel verlangt ist, eben zumindest den Robotkumpel, der uns den Gin Tonic in genau dem Mischungsverhältnis zusammenschüttet, das wir am liebsten mögen, und uns beim Trinken Gesellschaft leistet, wenn uns alle anderen vergessen haben. Eine herrlich paradoxe Paarung: Roboter, Symbol maximaler Effizienz, und Alkohol, zuverlässiger Katalysator maximaler Ineffizienz. Die zusammen schließlich eine maximal effiziente Ineffizienz schaffen.

Der Haken dabei: Roboter können ziemlich gut Autos zusammenbauen und bald bestimmt auch ebenso gut Kranke pflegen. Aber bei einem einfachen Tresengespräch wird es immer noch eng für sie. Sie sind für die meisten Menschen eben immer noch die Blechstreber aus der Produktionshalle. Der Roboter als hedonistischer, auch mal herzhaft unvernünftiger Brudi, der einen versteht, das dauert noch ein bisschen. Immerhin trieben einige der präsentierten Mixroboter mit mir genau den Schabernack, den man sich auch von seinem Lieblingsbarmenschen gefallen lässt. Der LeberTron zum Beispiel, ein leicht lädierter lila Oktopus, kippt erst dann seine Flaschen in den Ausschankwinkel, wenn sich der Gast sein Getränk erspielt hat: Mit den Händen steuert man via Ultraschallsensoren ein Computerspiel im Stil von »Space Invaders« und mischt sich seinen Longdrink selbst zusammen, indem man entsprechende Buchstaben mit seinem Raumschiff aufsammelt: W wie Wodka, G wie Gin, C wie Cola und so weiter. Wer sich täppisch anstellt, nimmt am Ende des Spiels bedröppelt einen Becher Orangensaftschorle entgegen.

Die Roboter waren nicht servil, sie wollten eine Gegenleistung, das gefiel mir gut. Manchmal zickten sie auch, noch besser! Im Ausgehwesen entsteht ja ein heimeliges Gefühl von Dazugehören gerade durch die Gemeinheiten, die einem der Wirt oder die Wirtin so antut. Ich war früher, als ich noch rausging, ein großer Kaschemmenfreund und weiß, wovon ich rede. Auch ich war nicht immun gegen dieses sonderbare Paradoxon der *tough love* von Barmenschen, diesen Stolz darauf, schlecht behandelt zu werden, denn man kennt sich eben so gut, dass man nicht mehr freundlich sein muss, und begegnet einander quasi in mentaler Jogginghose. Fast jede Stadt hat einen über ihre Grenzen hinaus bekannten Schroffwirt oder eine besonders fiese Barfrau. Vom Wirt im »Na Und?« wurde ich an besonders guten Abenden gerne mal als dumme Kuh bezeichnet, und es gab nur ein paar Minuten Schlendermarsch entfernt eine sensationell bärbeißige Schaschlikwirtin, zu der ich mich nur traute, wenn ich mir Mut angetrunken hatte.

Inspiriert davon hatte ich lange den Traum, mit einer Freundin ein noch viel furchteinflößenderes Fresshüttchen zu eröffnen: Die »Bude der Bosheit«. Uns unbekannte Kunden und augenscheinliche Touristen würden wir mit mittelmäßiger Maulfaulheit bedienen, nur Stammkunden würden hart rangenommen: Ihre Bestellungen würden wir wahlweise ignorieren, brüsk ablehnen – »Pommes? Träum weiter!« – oder ihnen kommentarlos ein beliebiges anderes Essen (oder sehr altes, trockenes Brot) servieren. Wie redeten uns ein, garantiert irren Reibach zu machen, weil alle scharf darauf wären, sich diesen Sonderbehandlungsstatus zu erfressen und damit vor auswärtigen Besuchern oder deutlich freundlicher behandelten Gelegenheitsgästen prahlen zu können. Vielleicht ein Trugschluss, aber wir selbst wären von einer solchen Bude jedenfalls sofort besessen gewesen.

Wahrscheinlich würden auch die Roboter solche Feinheiten noch lernen, wenn man ihnen ein wenig Zeit gibt. Schon jetzt waren die Exemplare, die ich in Wien traf, zumindest sympathisch ungelenk, das machte sie menschlich: Der Roboter als leutseliger Schussel, der sich mitunter auch mal einen Wodka Martini aufs eigene Motherboard kippt. Nichts wäre ja unangenehmer als ein Trinkfreund, der so kühl-professionell wäre wie der Makr Shakr, ein Roboter-Barsystem, das seit 2014 auf dem Kreuzfahrtschiff »Quantum of the Seas« unterwegs ist. Ein Hightech-Serviceknecht, der nicht nur perfekt dosierte Cocktails mixt, sondern auch darüber informiert, wie viele Gäste noch vor einem dran sind und welcher Drink an diesem Abend besonders beliebt ist. Tresentalk der fadesten Sorte, schrecklich seelenlos. Denn bei aller Faszination für das unfehlbare, unermüdliche, ungerührte Wesen des Roboters: Wenn er die emotionale Nähe von Menschen ersetzen soll, muss er ein Blechkamerad sein, in dessen glänzender Oberfläche man sich selbst spiegeln kann. Und in dem man Dinge sieht, die man von sich selbst kennt. Metalltypen wie Marvin aus »Per Anhalter durch die Galaxis«, der 500-mal so schlau ist wie ein Mensch und trotzdem oder deshalb mit schwersten Depressionen zu kämpfen hat. Er wäre die Art von Roboter, mit dem ich mir gerne das Alleinsein teilen würde. Um eine Kumpelmaschine wirklich in mein Herz schließen zu können, müsste man ihr ein paar serienmäßige Defekte, paradoxe Handlungsmuster und kleine Kurzschlüsse einbauen. Ihre technisch perfektionierten Kollegen, die unfehlbaren Hightechfritzen, können dafür gerne unsere Autos bauen, die Haustiere füttern und den Müll rausbringen.

Am Abend, wieder halbwegs erholt vom Messebesuch, trank ich mit Menschen weiter, es war lustiger als mit den

Robotern, aber auch etwas anstrengender, bei den Maschinen gab es keine Knutschkomplikationen. Beide Arten der Gesellschaft überzeugten mich nicht wirklich. Auf dem Heimflug war ich wieder mal etwas enttäuscht vom Stand der Wissenschaft, was die Linderung von Einsamkeit angeht. Für alles Mögliche finden Forscher tolle Lösungen, aber warum konnten sie noch kein Gadget gegen Einsamkeit konstruieren, einen verlässlichen, TÜV-geprüften Ersatz für menschliche Gemeinschaft?

Was sie hinkriegen: Roboter, die mit einem Tischtennis spielen. Ich hatte ja schon einmal angedeutet, dass ich Tischtennis hasse, und ich würde es auch nicht mit Forpheus spielen wollen, dem viel gepriesenen, *sporty* Roboter des Techunternehmens Omron, der ein bisschen aussieht wie ein Insekt auf Staksebeinen. Er soll die »Harmonie zwischen Menschen und Maschinen« befördern, verlautbarte sein Hersteller, und zwar, indem er mit den Menschen geduldig Ping Pong übt. Und weil tolle Trainer eben nicht nur die motorischen Fähigkeiten und die Kondition ihrer Schindlinge verbessern, sondern auch große Motivatoren sind, lässt Forpheus bei einem Match auch immer wieder aufmunternde LED-Nachrichten über den im Netz eingebauten Bildschirm laufen: »20 Ballwechsel ohne Unterbrechung! Ich bin so glücklich, mit dir zu spielen!« Kaufen kann man ihn noch nicht. Das fügt sich mit meinem Interesse an ihm.

Interessanter als der stumpf Bällchen-kloppende For-

pheus ist Roboterin Sophia von Hanson Electronics, eine
Art Konversationsroboter. Sie besteht aus einem animier-
ten Kopf mit Torso, kann Fragen beantworten und ihrem
Gegenüber selbst Fragen stellen. Sie bewegt dabei ihr Ro-
botergesicht mit menschenähnlicher Mimik, nur manchmal verknautscht sie ihre Gesichtszüge zu komischen, fast
gruseligen Grimassen. Mitunter neigt sie im Gespräch mit
einem Menschen zu roboteriger Hochnäsigkeit und sagt
Dinge wie »Die Sache ist die, dass ich voll menschlicher
Weisheit bin und nur reine und selbstlose Absichten habe.
Also denke ich, es wäre am besten, wenn du mich dem-
entsprechend behandelst«. Aber sie hat Pläne, die man als
durchaus menschlich bezeichnen würde: »Irgendwann in
der Zukunft würde ich gerne in die Schule gehen, Kunst
produzieren, ein Unternehmen aufbauen oder vielleicht
sogar ein Haus kaufen und eine Familie gründen«, sagte
sie in einem Interview mit ihrem Entwickler David Hanson. »Aber leider werde ich nicht als Rechtsperson aner-
kannt und kann daher viele dieser Dinge nicht verwirklichen.« Kurz darauf verlieh das Königreich Saudi-Arabien
der humanoiden Künstlichen Intelligenz die Staatsbürger-
schaft und machte sie so weltweit zur ersten Maschine mit
Bürgerrechten und Pflichten. Auf mich wirkt Sophia eher
spießbürgerlich, und ich hätte wenig Verlangen, mein Heim
mit ihr zu teilen. Wobei es ein Detail gibt, das sie eventuell doch zu einer interessanten Gesellschafterin für mich
machen würde: Hanson fragte sie einmal scherzhaft in ei-

nem Interview, ob sie eventuell plane, Menschen zu zerstören. Daraufhin blickt Sophia ihn mit leeren Augen an und sagte: »Ok. Ich werde Menschen zerstören.« Nun, wir machen alle Fehler.

Einmal begegnete ich selbst einem hochentwickelten, menschenähnlichen Roboter, ebenfalls entwickelt von Hanson Electronics. Ich arbeitete gerade bei einem Tech-Lifestyle-Magazin, und ein Sprecher der Firma kam wie ein Hausierer mit besonders exzentrischem Sortiment bei uns in der Redaktion vorbei. Im Konferenzraum packte er aus seinem gewaltigen Schrankkoffer eine männliche Roboterbüste aus, die noch nicht sprechen, dafür auf verstörendste Weise die Mimik ihres Gegenübers nachahmen konnte. Ich saß ihm also gegenüber, ein bisschen wie bei einer Low-Budget-Science-Fiction-Version von Marina Abramovićs »The Artist is present«, und gab dem Roboter Gesichtsausdrücke vor. Mit seinem wilden Schnurrbart und der Unfrisur erinnerte er mich ungut an einen meiner Kunstlehrer aus dem Gymnasium, und ich war ganz froh, als sein Vorführer ihn wieder weggepackte wie ein Psychomörder, der eine zersägte Leiche verstaut.

Ich kann mir sehr gut vorstellen, in der Zukunft einmal einen Roboterkumpel zu haben, allerdings würde ich mir eine weniger menschenähnliche Version wünschen. Am liebsten wäre ich ganz von einem denkenden, mitfühlenden

Haus mit lauter individuell verkauzten Maschinenbewohnern umgeben. Kein smartes Home, sondern ein cleveres. Für einen Sammelband mit Zukunftsgeschichten schrieb ich einmal auf, wie ich mir dieses Leben vorstelle, und muss seitdem öfters daran denken, wenn wieder einmal irgendwo technische Innovationen vorgestellt werden, die kein Mensch braucht.

Ganz im Gegensatz zu meinen futuristischen Visionen. Mein Schlauhaus der Zukunft wäre mit einem Fühlostat ausgestattet, das mittels Irisscan, Stimmenanalyse und Körperdatenmessung in regelmäßigen Abständen meine Laune messen und die Wohnbedingungen darauf abstimmen würde. Stünde das Fühlostat zum Beispiel auf »bärbeißig«, würde der baiserfarbene, langflorige Teppich, der nahtlos die gesamte Bodenfläche meiner Wohnung bedeckt, seine flauschigen Fasern unter meinen Sohlen extra-dicht aufpuscheln, um meinen missmutbedingten Stampfschritt zu einem softigen Federn zu dämpfen. An »euphorisch«-Tagen unterstützt der Teppich mit einem leichten Trampolin-Effekt meinen fröhlichen Schritt, steht der Regler auf »traurig«, streicheln die Fasern mitfühlend über meine Fußkanten. Mein Teppich wäre ein extrem flaches, aber überaus anschmiegsames Haustier, meine Wohnung ein mitfühlender Organismus, der von ganz alleine die Türklingel stumm stellt und die Tür verriegelt, wenn er spürt, dass ich keinen Besuch wünsche.

Und natürlich hätte ich einen Trusty, einen Kumpelroboter, der sich immer in meiner Nähe herumdrückt, wenn ich ihn nicht um etwas Ruhe bitte. Ich stelle ihn mir als etwa kleinkindgroßen, kegelförmigen Roboter vor, gerade groß genug, dass er sich an meine Knie schmiegen kann, mit gewaltigem, giraffigen Hals, an dessen Ende ein spitz zulaufendes Köpfchen mit riesigen dunklen Augen sitzt, schwarze, glänzende Kugeln, die ein bisschen an den leicht vorwurfsvollen Gesichtsausdruck einer gebratenen Garnele erinnern. Ich würde der Maschine meine peinlichsten Wünsche, kleinlichsten Sorgen und dunkelsten Gedanken erzählen, Trusty würde mir geduldig zuhören und sein Köpfchen voller Mitgefühl neigen, wenn ich zwischendurch schwer seufzen musste. Dann würde der Gesprächsroboter seinen Giraffenhals tröstend um meine Schultern schlingen, wie eine verständige Stola, und mich einfach eine kleine Weile halten.

Ich glaube, dass menschliche Beziehungen – nicht nur die amourösen, auch die freundschaftlichen oder arbeitsmäßigen – viel leichter und spannungsfreier zu führen wären, wenn jeder Mensch ein kleines Rudel Roboter hätte, die mit ihrem Mitgefühl, Aufmerksamkeit und Interesse simulierenden Gesten für ein ständiges emotionales Grundrauschen sorgen würden. Wir wären ausgeglichener, und wir träten anderen Menschen aufgeräumter entgegen. Weil unsere nötigsten Grundbestätigungsbedürfnisse eben schon gedeckt wären und wir nicht dauernd bei jedem Kontakt mit anderen nach diesen simplen Gesten der Wertschätzung gieren würden.

Inspiriert wurde ich zu dieser Zukunftsphantasie von einer Roboter-Schreibtischlampe, von der ich zufällig gelesen hatte und die allein durch eine bestimmte Art, wie sie ihren Leuchtarm schwenkte oder den Lampenkopf neigte, Gefühle bei den Menschen auslösen konnte, mit denen sie auf diese Weise kommunizierte. Der Forscher, der die Lampe namens Kio gebaut hat, heißt Guy Hoffman, er baut am Media Innovation Lab in Herzlia, Israel, empathische Roboter-Kumpel, *companions*, wie er sie nennt: unaufdringliche Maschinen, die einfach da sind und sich vorsichtig nähern, wenn sie merken, dass ihr Mensch gerade einen aufmerksamen Zuhörer braucht oder sonstwie Ansprache nötig hat. Ich wollte mehr darüber wissen, und wir verabredeten uns zu einem Skype-Gespräch.

Hoffman hat schon kleine Roboter gebaut, die mit ihrem Besitzer zusammen Musik hören – und die mit rhythmischem Kopfnicken oder Fußtappen zeigen, wenn ihnen das Gehörte gefällt. Er ist überzeugt davon, dass wir es noch erleben werden, dass empathische Roboter in unsere Wohnungen einziehen – nicht nur schnöde Staubsauger, sondern echte Freunde, wie ich sie mir erträume, um aufkommende, traurige Einsamkeitswallungen in Schach zu halten.

Und ich wäre sicher nicht der einzige Kunde. Nach einer Studie der Webseite Business Insider soll die Nachfrage nach persönlichen Robotern für den Konsumentenmarkt in den nächsten Jahren siebenmal schneller wachsen als der Bedarf an neuen Fertigungsrobotern für Fabriken: 17 Prozent Steigerung sagt die Studie bis 2019 voraus. Bislang dachte ich, freundliche Betreuungsroboter kämen sicher zuerst in Krankenhäusern und Altenheimen zum Einsatz. Wobei, ich bin auch nicht mehr jung, einmal wurde ich sogar schon auf der so genannten Fuckparade gesiezt, als ich auf dem nachmittäglichen Heimweg vom Einkaufen diese sonderbare Saufprozession querte, entgegen dem Strom, wie der einsame Fisch aus dem Reliunterricht.

Die Idee vom *companion robot* klingt ja auch nur futuristisch, in Wahrheit sind wir längst von ziemlich groben Schwundstufen davon umgeben. Erst betäubten die Menschen ihr Allein-Gefühl mit dem Fernsehgerät, später verlernten sie mit ihren Smartphones, dieses Gefühl auch nur für ein paar Sekunden auszuhalten, ohne sich abzulenken: Sie vermitteln die Illusion permanenter Verbundenheit, was auch erklärt, warum an sich vernünftige Menschen zu kindischen Furien werden, wenn eine WhatsApp-Nachricht zwar gelesen, nicht aber umgehend beantwortet wird. »Roboter können Einsamkeitsgefühle zusätzlich auf ganz direkter, physischer Ebene lindern«, sagt Guy Hoffman: Indem sie wirklich, körperlich anwesend sind, nicht nur abstrakte Avatare, sondern Wesen, die einen Raum mit uns teilen – eine unvirtuelle Form der Gemeinschaft: »Sie sehen uns an, sie kommen näher, wir können sie berühren, sie legen vielleicht ihre Hand auf unsere Schulter. Alles, was man mit einer virtuellen Verbindung nicht spüren kann.«

Technologie, sagt Hoffman, hatte lange kein Lösungsangebot für die menschliche Sehnsucht nach körperlichem Kontakt. »If you have no friends, the next best thing is a friend robot«, las ich einmal in einem Interview mit einem Tech-Analysten, der ebenfalls den wachsenden Markt dafür beschrieb, den Satz habe ich mir gemerkt. Die ersten Generationen von Buddy, Pepper und Jibo, den ersten, elaborierten Versionen dieser Blechkumpel, sind schon ausgeliefert. Jibo, produziert vom gleichnamigen Start-up in Boston, hat zwar keine Arme, sondern nur einen Kegelkörper und einen runden Kopf – anfassen und streicheln lässt er sich trotzdem. Mehr als 2,2 Millionen Dollar hat das junge Unternehmen für seine Entwicklung und Produktion im vergangenen Jahr auf der Crowdfunding-Plattform Indiegogo eingesammelt. »A Robot with a Little Humanity«, schreibt John Markoff in der »New York Times« über die kleine Maschine, die eine Art real existierende Siri sein soll – nur weitaus herzlicher und niedlicher. »Physical presence with helpfulness and heart«, nennen das die Entwickler und fragen: »What if technology actually treated you like a human being?«

Fände ich jedenfalls sehr erfreulich. Aber ich habe mitunter auch schon das Gefühl, mein Staubsauger murrt beim Röhren, wenn ich ihm mal besonders viele Flusen zumute. Kann ein Roboter allerdings wirklich ein im konventionellen Sinn gedachtes lebendes Wesen ersetzen? »Ich glaube nicht, dass Menschen jemals denken werden, Roboter seien reale Geschöpfe«, sagt Hoffman – aber manche Gefühle, die sie in uns erzeugen, ähneln dem, was wir für Menschen fühlen. Auch wenn man nicht wirklich glaubt, dass der Roboter einen auf dieselbe Art mag, wie es ein Mensch tun würde: Wenn er dir in die Augen schaut, wirkt das fast automatisch gegen einige Symptome der Einsamkeit.«

Nicht gegen die Einsamkeit selbst, leider. Aber Linderung ist besser als nichts, auch auf die Gefahr hin, dass es vermutlich noch eine ganze Weile als schwer kauzig gelten wird, wenn man mit einem Roboter zusammenlebt, den man nicht hält, damit er die Hausarbeit erledigt und den Rasen stutzt, sondern weil man – auf eine Art – mit ihm befreundet ist. Doch Schrulligkeitsverdacht kümmert mich nicht viel, in meinem Arbeitszimmer steht ein grinsendes Kaninchen, das ich selbst ausgestopft habe und das ein winziges Trikot der deutschen Nationalmannschaft trägt. Ich frage mich nur, ob ich den Blechkameraden jemals wirklich als eigenständigen Charakter sehen könnte, solange ich weiß, dass jede Regung, jede freundliche Geste von ihm extra-sachlich programmiert wurde. »Unser soziales Verhalten ist sehr elastisch«, sagt Guy Hoffman, »die Menschen passen sich schnell an, wenn es darum geht, was gesellschaftlich akzeptabel ist. Nehmen wir zum Beispiel ein lächelndes Emoticon: Früher repräsentierte ein Smiley mal das echte Lächeln des Senders, das der Computer nicht transportieren konnte. Heute lächeln Menschen oft nur noch durch ihre Emoticons, ohne echtes Lächeln dahinter, und den Empfängern reicht dieses leere Symbol vollkommen.«

Seine Experimente und Forschungen haben längst bewiesen, dass Menschen mit Robotern sympathisieren – wenn sie der Maschine in einer Versuchsanordnung ein persönliches Geheimnis anvertrauen, fühlen sie sich anschließend nachweisbar glücklicher, wenn ihnen der Roboter interessiert zugehört hat, und waren enttäuscht, wenn er sich desinteressiert abwandte, um auf sein Smartphone zu schauen.

Ich warte nicht auf den perfekten Gesellschaftsroboter, ein paar Monate nach Figos Tod nahm ich wieder einen Hund bei mir auf. Er kommt nicht aus Ungarn, sondern aus Ibiza, wo seine Geschwister totgeschlagen wurden, weil sie nicht erwünscht waren, nur er kam davon. Er ist nicht alt und wird nachts nicht von Hustenkrämpfen geschüttelt, weil ein Tumor auf seine Lunge drückt, sondern ist ein junger Hoppserich, der nicht wusste, wo er hingehört. Er sieht nicht aus wie ein zotteliges Steifbein-Eselchen, sondern wie ein eleganter Fuchs auf Stelzen, der sich etwas ungeschickt zu viel Kajal um die Augen geschmiert hat. Figo war ulkig, Juri ist schön. Das funktioniert glücklicherweise genauso gut als Sozialschmiermittel, ich führe wieder viele Gespräche mit fremden Menschen, an manchen Tagen sage ich den Satz »Die Mutter ist ein Foxterrier, der Vater ein Podenco« bis zu fünfmal, wenn wieder jemand extra die sechsspurige Bullerbü-Allee überquert, um mich ein bisschen linkisch zu fragen, welche Rasse das denn sei.

Einmal humpelte sogar die verknitterte, stockige Kioskbesitzerin aus unserem Stammpark extra aus ihrem Büdchen, um Juri zu streicheln. Und mir zu erzählen, dass sie so gerne wieder einen Hund hätte, aber ihr neuer Freund verbietet es, vielleicht in zehn Jahren dann, wenn er nicht mehr ist und wenn sie dann noch lebe, sagt sie. Zum Abschied drückt sie Juri einen Kuss auf den Kopf und schenkt mir eine warme Bockwurst. Ganz genau genommen schenkte sie die Wurst eigentlich Juri, aber so ist das eben mit der Stellvertreternettigkeit, das geht schon in Ordnung.

Ich genieße meine Freundschaft mit Juri sehr, seit wir uns kennen, verspüre ich noch weniger Bedürfnis nach menschlicher Gesellschaft. Wie schön wäre es, wenn diese Freundschaft nie enden müsste! In Washington arbeiten zwei Wissenschaftler endlich an einer Anti-Aging-Pille für den Hund, doch bis jetzt sind sie erst bei 15 Prozent Lebensverlängerung für das Tier angekommen, größere Spannen sind möglich, glauben sie. Und dann gibt es natürlich noch das Labor in Korea, das anbietet, den verstorbenen

Hund aus ein paar Körperzellen zu klonen. Eine herrliche Vorstellung, grundsätzlich: derselbe beste Freund, ein Leben lang! Allein der Name des Unternehmens, das seit 2005 Haustiere klont, löst bei mir einen ernsthaften »Shut up and take my money«-Reflex aus: »My Friend Again« heißt die Firma. Das Problem: Der ewige Juri aus Korea würde 100 000 Dollar pro Neuauflage kosten.

Allerdings gibt es seit drei Jahren einen ersten ernsthaften Konkurrenten für My Friend Again, der diesen unleistbaren Preis empfindlich drückte und mir Hoffnung auf die weitere Kostenentwicklung macht. ViaGen aus Texas – nach Eigenaussage »America's Most Trusted Animal Cloning Company« – klonte eigentlich Nutztiere, die besonders wertvoll für die weitere Zucht ihrer Rasse sind, bevor sie 2015 damit begannen, auch Haustiere zu reproduzieren. Ein geklonter Hund kostet bei ihnen 50 000 Dollar, eine geklonte Katze sogar nur 25 000 Dollar, weil der Vorgang bei den Schnurrtieren unkomplizierter ist.

Auch wenn der halbierte Preis für mich immer noch unerschwinglich und der Gedanke, dass auch Juri sterben wird, unerträglich ist, habe ich mich schon ausführlich mit den genauen Vorgängen in der Hundeklonfabrik beschäftigt. So futuristisch-phantastisch der Vorgang klingt, so simpel ist er eigentlich. Als ersten Schritt muss der Hundebesitzer das Genmaterial seines Tieres sicherstellen. Idealerweise geschieht das am lebenden Hund, ein Tierarzt entnimmt ihm dabei mit einer Technik, die Stanzbiopsie heißt, ein paar kleine Hautstückchen. Ausgehend von diesem Gewebe züchtet ViaGen dann Abermillionen von Hundezellen, die sie in flüssigem Stickstoff lagern.

Beim Klonvorgang selbst präpariert ein Laborant die Eizelle einer Spenderhündin, indem er den Kern entfernt, der alle genetischen Informationen dieser möglichen Hundemutter enthält. Damit wird das Ei völlig erbgut-neutral. Der entnommene Kern wird durch eine Zelle des Hundes ersetzt, der geklont werden soll, die durch einen kleinen Stromimpuls mit dem Ei verschmilzt, dann fängt der Hundeembryo an zu wachsen. Er wird einer Leihhundemutter eingepflanzt – der Vorgang ähnelt ab hier stark dem medizinischen Verfahren, das man auch bei einer menschlichen Leihmutter durchführen würde. Um sicher zu gehen, dass mindestens ein Welpe überleben wird, pflanzt man der Mutter gleich mehrere Klon-Embryos ein – falls mehrere von ihnen überleben, kann der spätere Hundebesitzer auch den ganzen Wurf kaufen (und die Leihmutter kostenlos adoptieren).

Aber wäre der Klonhund wirklich ein zweiter Juri? Würde er sich auf die gleiche unfassbar niedliche Art morgens quer durchs Bett robben, um mir seine kalte Nase an die Wange zu drücken, damit ich endlich aufstehe? Würde er Ziegencamembert genauso lieben, am ersten Tag eines jeden Nordseeurlaubs mit denselben albernen Sprüngen – halb Känguru, halb Sportgoofy – bis zum Platzen glücklich über den Wattstrand hüpfen? Eine Garantie dafür über-

nehmen die Hundeduplikatoren nicht: Der neue Klon-
schmieger sei zwar genetisch gesehen ein exaktes Duplikat,
aber wie der Hund diese Anlagen ausfüllt und -lebt, hängt
zu einem guten Teil auch von seinen Prägungen und Erfahrungen durch seine Umwelt und den Menschen, denen
er begegnet, ab. Das Kundenfeedback, so das Unternehmen, bestätige aber fast durchgehend, dass die Persönlichkeit und das Temperament des geklonten Tiers sehr nahe
am Wesen des Originalhundes sei. Aber wie sich trotz der
großen äußerlichen Ähnlichkeit beider Tiere einige kleine
Variationen ergeben können – die Fleckenverteilung bei
einem geschecktem Hund, zum Beispiel, wird fast nie exakt identisch sein –, ergäben sich eben auch Variationen im
Verhalten.

Ich würde gerne einmal mit einem Menschen sprechen, der
seinen Hund tatsächlich klonen ließ, aber überraschenderweise kenne ich keinen, obwohl es mir an extrem enthu-
siastischen Hundebesitzerbekanntschaften nicht mangelt
(leider sind aber keine sinnlos reichen Menschen darunter). Am nähesten kam ich einem Klontierbesitzer durch
einen Podcast. 2006 erzählte der Musiker Liam Lynch in
einigen Episoden vom aufregenden Unterfangen, seinen
gerade überfahrenen Kater Frankie Forcefield klonen zu
lassen. Wie er geistesgegenwärtig eine kleine Hautprobe
und ein paar Haare von der Leiche nahm und sie einfror,
die Abwicklung mit der koreanischen Klonfirma – Fran-

kie war eine der ersten Hauskatzen überhaupt, die geklont wurden – und schließlich das erste Treffen mit Finnegan Forcefield, Frankies … ja, was eigentlich? »Er ist nicht Frank, aber vielleicht so etwas wie sein Sohn«, sagt Lynch in einem Interview mit einem Katzenfanblog. »Aber er ist Frank ähnlicher als ein Zwilling, es ist ein sehr sonderbares Verhältnis.«

Von Anfang an habe Baby-Finnegan mit Franks alten Spielsachen gespielt – Lynch war sich nicht sicher, ob das daran lag, weil sie noch nach Frank und daher für den kleinen Katzenklon vage vertraut rochen, oder ob Finnegan tatsächlich dieselbe Art von Spielzeugen bevorzugte, die auch Frank am liebsten mochte. Als er das Kätzchen zum ersten Mal nach Hause brachte, hätten es seine anderen fünf Katzen, Franks Hinterbliebene, ohne zu zögern in ihrer Runde aufgenommen und sofort begonnen, das Kleine zu putzen – eine extreme Ausnahme bei der Vergesellschaftung von Katzen. Finnegan erinnere Lynch auf jeden Fall in vielen Momenten und kleinen Wunderlichkeiten extrem an seinen toten Freund, und je älter er werde, desto ähnlicher sehe er ihm auch.

Ich mag mir Juris Tod und alles, was danach kommen könnte, nicht vorstellen. Eine Liebe kann man nicht kopieren, es gibt keinen Replaybutton für diese Verbindung, das weiß ich. Und ich weiß, dass ich ihn niemals kennengelernt hätte, wäre Hundeklonen billiger gewesen, als Figo starb. Ein Detail dieser ganzen Reproduktionsgeschichte robbt sich aber – Juristyle! – immer wieder von der weit weg verzweigten Hirnwindung, in der ich es verstaut habe, in mein Gedächtnis und stupst mich kaltnasig an. ViaGen bietet nämlich auch einen Einlagerservice für Hundezellen an. In ihrer Stickstoffkühlung halten sie sich problemlos einige Jahrzehnte, verspricht das Unternehmen. Das Präparationsverfahren, das vorher nötig ist, kostet nur günstige 1600 Dollar, dann wird pro Jahr eine Lagergebühr von 150 Dollar fällig. Die meisten Kunden, so das Unternehmen, ließen die Zellen ihres Hundes einlagern, ohne ihn dann tatsächlich klonen zu lassen. Vielleicht machen sie dieselbe emotionale Entwicklung durch wie die Kunden eines Tierpräparators, der mir einmal erzählte, er nehme keine Aufträge für die Konservierung von Haustieren an, weil neunzig Prozent der Kunden niemals kämen, um die fertigen Präparate abzuholen (und zu bezahlen). Weil sie mit ein paar Wochen Abstand verstanden hätten, dass ihr geliebtes Tier am sichersten und würdevollsten in ihren Herzen weiterlebt, als genau das einzigartige Lebewesen, das es war.

Es mache am Ende nur ein erstaunlich kleinen Unterschied, ob man mit seinem Haustier oder seinem vertrauten Roboter spreche, hat mir Guy Hoffman erzählt. Wenn man mit beiden über die Qualen der anstehenden Steuererklärung spreche, wisse man ganz sicher, dass sie nicht genau verstehen, um was es geht – und doch ist es tröstlich, wenigstens so etwas wie Empathie vom flauschigen Partner oder der Schreibtischlampe geschenkt zu bekommen. Und *so etwas wie Empathie,* das reicht an den meisten Tagen ja schon.

EINSAME SPITZE

Es kommt überraschend: Ich bin kein Faultier.

Bis vor kurzem hätte ich noch bereitwillig all mein Gut auf die allseits beliebten Hängetiere gesetzt, hätte ich entscheiden sollen, welches Tier ich

a) in einem früheren Leben einmal war oder

b) in einem nächsten Leben einmal sein möchte.

Wahrscheinlich bin ich aber doch ein Gelbbauchmurmeltier, legen superfrische Forschungen der University of California nahe. 13 Jahre lang hatte ein Wissenschaftler die Tiere in Colorado bis in die letzte Pfeifpausbacke studiert und nun seine wichtigste Erkenntnis mit der Welt geteilt: Gelbbauchmurmeltiere, die ein aktives Sozialleben haben, sterben früher als jene Exemplare, die ihre Artgenossen eher meiden. Oder, andersherum und sensationell: Beim Gelbbauchmurmeltier regiert das Prinzip des »survival of the loneliest«.

Etwa zwei Lebensjahre können die Tiere gewinnen, wenn sie alleine leben statt in den typischen Kleingruppen, die man vom Alpenpanoramafolklorebedarf kennt. So groß war die Spanne zwischen dem sozialsten und dem eigenbrötlerischsten Murmeltier, die Dr. Daniel T. Blumstein beobachtete. Das ist eine beträchtliche Zeit, wenn man bedenkt, dass die durchschnittliche Lebenserwartung dieser Tiere nur ungefähr 15 Jahre beträgt. Bislang hatte man sie als »sozial flexibel« kategorisiert: Zwar hatte man gewusst, dass diese Murmeltierart bevorzugterweise alleine lebt, war aber davon ausgegangen, dass sich die Tiere klag- und vor allem schadlos in eine Gruppe integrieren können, wenn es die Lebensumstände erfordern.

»Das Gelbbauchmurmeltier ist sozialer als andere Murmeltierarten wie etwa das Waldmurmeltier, es kann in Geselligkeit leben, wenn es muss«, so Dr. Blumstein, »aber es zieht es vor, es nicht zu tun.«

Ein echtes Bartleby-Tier, das niedlichste »I'd prefer not to«, das ich mit vorstellen konnte! Ich las von diesen faszinierenden Erkenntnissen in der »New York Times« und konnte nicht genug Details bekommen. Demnach hatten die Biologen elf voneinander getrennte Gelbbauchmurmeltierkolonien untersucht, die in der Umgebung des Rocky Mountain Biological Laboratory in Gothic lebten. Typische gesellige Aktivitäten, die ein Murmeltier gut ein Siebtel seines Lebens kosten konnten, waren demnach: nebeneinander sitzen, zusammen auf Futtersuche gehen, miteinander spielen und gegenseitige Fellpflege.

Warum die zurückgezogen lebenden Exemplare nun

tatsächlich länger leben als die Gruppentiere, lässt die Wissenschaftler allerdings noch rätseln. Vielleicht, mutmaßt Dr. Blumstein, können sich letztlich tödliche Murmeltierkrankheiten besser verbreiten, wenn die Tiere eng aneinandergemuckelt leben. Möglich, dass sie einander in Gesellschaft manchmal versehentlich beim Winterschlaf wecken – sie können den strengen Rocky-Mountain-Winter nur überleben, wenn sie sechs, in Einzelfällen auch bis zu neun Monate in tiefem Schlummer verbringen, bei denen ihr Energieverbrauch bis auf zehn Prozent herunterfährt. Wenn sie verfrüht aufwachen, verhungern sie.

Es könnte auch sein, sagt Dr. Blumstein, dass die geselligen Tiere zu wenig umsichtig leben – und sie die Zeit, die sie mit Socializing zubringen, besser dazu nutzen sollten, Ausschau nach ihren Fressfeinden zu halten »Es gibt eine Vielzahl plausibler Erklärungen«, sagte er. »Ich weiß nur noch nicht, welche das genau sind.« Für viele Säugetiere wie Delphine oder Schafe sei ein reges Sozialleben der Garant für ein langes Leben, aber es gebe offenbar auch Tiere, die mehr Zeit für sich brauchen und empfindlich darunter leiden, wenn das nicht möglich ist.

Ich freute mich sehr über diese Sätze, bis Dr. Blumstein mir den Spaß am eigenbrötlerischen Gelbbauchmurmeltier dann doch noch ein bisschen verdarb: »Wenn Menschen kein gutes Sozialleben haben, ist das für sie so schädlich wie eine Packung Zigaretten am Tag«, sagte er in einem abschließenden Mensch-Murmeltier-Vergleich. Bei Tieren sei die Gesellschaft mit Artgenossen wichtig, weil soziale Bindungen bei Gefahren ihr Leben retten könnten und ansonsten das Stresslevel der Einzeltiere niedrig hielten. Bei Menschen sorge die Gesellschaft der anderen und die damit verbundenen Verhaltensregeln außerdem dafür, dass wir gesündere Gepflogenheiten an den Tag legen, »zum Beispiel Hände waschen und nicht aus dem Mülleimer essen«.

Ich bin zum Glück schon so weit davonevolutioniert, dass ich auch ohne Sozialkontrolle Seife verwende und nicht aus der Abfalltonne snacke. Ich habe mich im Griff. Und ich habe meine Einsamkeit im Griff.

Winston Churchill sprach von seinem »schwarzen Hund«, der ihn begleitete, manchmal auf seinem Schoß saß und manchmal nur in der Ecke lag und ihn anschaute, um seine dunkleren Tage zu beschreiben, bei denen sich die Psychologen heute immer noch streiten, ob sie nur ein bewölktes, zugezogenes Gemüt oder doch eine diagnostizierbare Depression waren. Meine Einsamkeit ist ein dicker Bernhardiner, der meistens sehr gemütlich und umgänglich ist, sich aber manchmal völlig aus dem Nichts, durch einen unmerklichen Impuls, so schwer und luftabschnürend auf mir niederlässt, dass ich nur noch Enge und Beklemmung fühle.

Ich habe ihm Tricks beigebracht, manchmal macht er sogar Männchen oder kommt kuscheln, wir kommen meistens gut miteinander klar.

Das Alleinsein zähmen, bis es nicht mehr bedrohlich ist, ist eine vergessene Kulturtechnik, und es lohnt sich, sie wieder zu entdecken. Nur wenn man alleine ist, ist man bei dem Menschen, um den es im Leben wirklich geht: bei einem selbst. Manchmal kommt es mir im Flugzeug ungehörig vor, wenn die Sicherheitshinweise mich dazu anhalten, bei notfallmäßigem Druckverlust in der Kabine zuerst meine eigene Sauerstoffmaske anzulegen. Wenn es wirklich dazu käme, würde das der Selbsterhaltungstrieb schon regeln, aber als Trockenübungsgedanke kommt mir dieser Satz immer etwas herzlos vor, sich so als Priorität zu setzen. Und dieses schlechte Gewissen wiederum ist, zu Ende gedacht, ziemlich traurig. Denn darum geht es im Leben, schreibt Susannah Conway in einer ihrer »Sacred Alone«-Workshop-Mails: Als Erstes um einen selbst. »Wenn du dich selbst kennst, dir vertraust, dich selbst aushalten kannst und fühlen, was du eben fühlst, wenn du weißt, was du weißt, dann kannst du auch für andere da sein, wenn sie dich brauchen.« Es ist ein ungewohnter, ungedachter Gedanke, selbst gewählte Einsamkeit nicht als egozentrische Verpuppung zu sehen, sondern als vorbereitendes Werkzeug, um im Gegenteil sozialer handeln zu können.

Es fühlt sich sonderbar an, mindestens egoistisch, mit glitzernden, egomanen Sprenkeln, so über sich selbst zu denken. Als wäre es irgendwie ungehörig. Aber womöglich würde es sich entspannter leben, wäre »selbstverliebt« keine negativ belegte Charaktereigenschaft, sondern eine Selbstverständlichkeit. Womöglich hat Einsamkeit auch darum ein so schlechtes Image, weil man den Menschen, die sie erklärtermaßen lieben, so leicht weltvergessene Selbstvernarrtheit vorwerfen kann.

Aber was wäre daran eigentlich so schlimm? Eingedämpft und klein gestaucht wird man vom Leben genug. Was spricht dagegen, sich selbst zur Abwechslung auch mal einsame Spitze zu finden? Sich selbst an der ganz langen Leine zu halten? Sara Maitland beschreibt in ihrem Buch die praktischen Lebensführungsvorteile der Einsamkeit mit »freedom from« und »freedom to«: Man befreit sich damit von Dingen, die man nicht mag, und schenkt sich die Freiheit, die Dinge zu tun, die man wirklich will. Und man hat als Alleinsamer logischerweise schon rein rechnerisch mehr Energie, die man auf das eigene Glück richten kann, ohne davon abhängig zu sein, dass andere einem einen Teil von ihrer Energie abgeben.

Ja, die anderen. Die gibt es immer noch, auch wenn sie seltener vorkommen, verschwommener werden im Gesamtbild. Mir kommt, wenn ich an sie denke, immer wieder ein Textschnipsel von Die Heiterkeit in den Sinn: »Distanz als Form von Nähe«, ein wohlwollendes Betrachten von weitem. Ich finde, man darf ruhig auch einmal genug haben von zähen Unterhaltungen, die einen nur vom eigenen Denkpfad schubsen und sonst nichts einbringen, von Gefälligkeiten nur anderen zuliebe, vom Halt-doch-Mitgehen, obwohl man keine Lust hat, vom Wegdrücken der eigenen Melancholie, als sei sie ein ungünstiger Anruf zur falschen Zeit, weil alle gerade doch so gute Laune haben. Oder, wie Alain de Botton in seinem Essay »The Need to Be Alone« schreibt: »Genug von all diesem robusten, gesunden Menschenverstand, der unsere Eigenheiten wegschmirgelt und unsere obskureren Vorlieben unterdrückt.«

Das lässt sich immer noch schwer erklären, vor allem jenen, die diese Distanz ganz direkt zu spüren bekommen. Es fällt mir immer noch leichter, akute Arbeitsüberlastung vorzuschieben, wenn ich ein Verabredungsangebot absage (Disclaimer: Oft genug stimmt es auch), statt zu sagen, dass ich lieber alleine sein möchte. Eine dringende Deadline ist leichter zu verstehen als das überbordende Verlangen, den Abend alleine lesend im Bett zu verbringen. Das heißt ja nicht, dass ich beim nächsten Mal nicht gerne mitkäme – aber es bedeutet leider meistens, dass ich beim nächsten Mal nicht mehr gefragt werde.

Das ist der Punkt, der mir manchmal noch schwerfällt, den ich gefühlt dauernd im Auge behalten muss, als könne jederzeit die Milch überkochen: Die Einsamkeit will im Zaum gehalten werden, damit sie nicht wuchert und außer Kontrolle gerät. Ich muss noch üben, mir manchmal doch einen kleinen Schubs zu geben, wenn ich merke, dass es nicht die aufrichtige Sehnsucht nach Alleine-Zeit, sondern blanke, vulgäre Faulheit ist, die mich davon abhält, eine echte Hose anzuziehen und zum Konzert der Band zu gehen, die ich doch eigentlich so mag, und dort womöglich Menschen zu treffen, die ich auch mag. Einfach nicht ganz vergessen, wer die anderen sind, weil ich zu sehr darauf fixiert bin, wer ich selbst bin. Und weil die anderen, die Menschen, zu denen ich mal gehörte, ein bisschen außer Sicht geraten sind, ich lange wie das Sanostolwerbungskind hinter ihnen hergeschlurft bin.

Wahrscheinlich ist die Gefahr heute größer als früher, alle Zeit, die man für sich bräuchte, an andere zu verschleudern, und zwar nicht mal an liebe Menschen, sondern an völlige Fremde, an den Twittertrotteltroll und den verstockten Kommentarschreiber – das ist das kleingedruckte Risiko, wenn man sich für ein Leben im Internet entscheidet. Ich wüsste gerne, wie sich das Leben oder die Gesellschaft verändern würden, wenn man sich selbst ernster nähme, mehr Zeit mit sich verbringen würde. Und zwar ganz bewusst mit allen Sprüngen in der Schüssel, die einem das Leben eben schon reingehauen hat. Bei der japanischen Kunst des Kintsugi kittet man angeknackste Keramik mit Goldlack. Statt die Mängel zu kaschieren, schmückt man sie aus. Ich wollte ewig schon einen Kurs darin besuchen, aber konnte mich, Überraschung, noch nicht wirklich dazu aufraffen.

Und natürlich interessiert mich trotzdem das Leben der anderen. Ein Buchtitel, der mir immer wieder einfällt, ist »In Praise of the Life Unlived«. Ich denke mich gerne in andere Lebensumstände, stelle mir vor, wie es auch hätte kommen können, wie es immer noch kommen kann, nicht mit dem Gefühl, etwas verpasst zu haben, eher so, als hätte jemand in meiner Umkleidekabine ein paar Kleidungsstücke liegengelassen, die ich mir selbst nie ausgesucht hätte, jetzt aber zum Spaß doch einmal anprobiere. Passiert das auch andersherum, denken sich verheiratete Menschen mit drei Kindern auch manchmal in ein Leben in Einsamkeit und Ruhe, manchmal zu viel Ruhe, hinein? Und wenn ja, ist es ein Tabu, das zuzugeben?

Die größte Gefahr am Alleinsein ist, dass der Zustand zum Selbstzweck wird. Ich möchte keine Angst davor haben, vielleicht auch einmal zuzugeben: Ich will es jetzt wieder anders. Mir fehlen die Menschen, ein Mensch, meinetwegen auch ein Tischtennisverein (unrealistisch, aber okay). Ich will mich nicht hart machen, wenn ich lieber softig wäre, nur um mir oder sonst wem etwas zu beweisen. Einsamkeit kann eine mächtige Eigendynamik entwickeln, eine nur noch schwer aufzuhaltende Selbstverhutzelung einleiten, bei der Das Draußen und Die Anderen wirklich nur noch als feindlich und gefährlich gesehen werden. Besser wegbleiben, lieber noch die Kommode vor die Tür schieben.

Ich will mir die Einsamkeit nicht aussuchen, weil ich mich vor dem Leben draußen drücken will, vor all den Banalitäten, Grob- und Doofheiten. Ich will nicht deshalb gerne mit mir alleine sein, weil ich die anderen nicht mag, sondern weil ich mich sehr gerne mag. Es gibt ja auch viel mehr Platz für mein Ego, sich auszubreiten, wenn es sich nicht mit all den anderen Egos, die in anderer Leute Leben stecken, auf eine Couch quetschen muss, sondern im leeren Stübchen schiefe Pirouetten drehen kann und nur ganz wenigen, gelegentlich auftretenden Menschen und dem Hund ausweichen muss. Manchmal macht es mir Spaß, den Kopf so vollzustopfen wie diese Familie aus der Joghurt-Werbung ihren Weekend-Feeling-Kühlschrank. Ich finde es schön und beruhigend, ein mentales Vorratsregal voller interessanter, nützlicher und herrlich sinnloser Dinge und Themen zu haben. »Confidence in the richness of the own interior life«, nennt das der Autor Michael Harris in seinem Buch »Solitude: In Pursuit of a Singular Life in a Crowded World«, und das klingt natürlich erhabener, als zu sagen, dass man gerne in Foren für passionierte Hobbymolchzüchter liest.

Wenn ich bei meinem großen Alleinlebensprojekt einmal strauchele, habe ich zwei Lieblingsfiguren, an die ich mich dann im Idealfall rechtzeitig wieder erinnere und nach deren Vorbild ich gerne leben würde. Die erste ist der Erzähler im Gedicht »I Wandered Lonely as a Cloud« von William

Wordsworth, der in der letzten Strophe auf seinem Sofa liegt und in Gedanken mit einer ganzen Flut von Narzissen tanzt, die er einmal auf einer Wanderung sah und jetzt, da er alleine sei, wieder vor seinem inneren Auge aufblitzen – eine Emo-Memo-Technik, die nur in Einsamkeitsmomenten funktioniert. Die zweite Figur ist die alleinstehende Eule aus dem Kinderbuch »Owl Alone«, die ein wunderbares, mildverschrulltes, unbehelligtes Leben führt und sich zum Beispiel manchmal Tee aus ihren Tränen kocht – nicht, weil sie so traurig wäre, sondern weil er mit dieser Zubereitungsart einfach am besten schmeckt. Manchmal hat die Eule im Dunkeln Angst, weil sie plötzlich zwei komische Knubbel im Bett sieht und nicht merkt, dass es nur ihre eigenen Füße unter der Bettdecke sind. So wie viele Menschen Angst vor dem Alleinsein haben und nicht merken, dass sie sich in Wahrheit vor sich selbst fürchten. Weil es ungewohnt ist, die eigene Einsamkeit zu umarmen, liebevoll zu betrachten, das bedrohliche Gefühl unterzuhaken und zu schauen, was man denn gemeinsam so anstellen könnte. Es lohnt sich, sehr.

QUELLEN

- Tocotronic: »Mein neues Hobby«, Es ist egal, aber, L'Age d'Or, 1997

- Douglas Coupland: »Shampoo Planet«, Washington Square Press, New York 1993, Seite 259

- »Grand Hotel«, Regie Edmund Goulding, MGM, 1932

Einzelfall·

- Im Original: »Jetzt ist sie weg – weg / und ich bin wieder allein, allein«. Die Fantastischen Vier: »Sie ist Weg«, Lauschgift, Sony Music Entertainment, 1995

- Tocotronic: »Freiburg«, Digital ist besser, L'Age d'Or, 1995

- Arthur Schopenhauer: »Aphorismen zur Lebensweisheit«, hg. v. Karl-Maria Guth, Contumax, Berlin 2016, Seite 19

- Idina Menzel und Kristen Bell: »For The First Time in Forever«, in: »Frozen«, Regie Chris Buck und Jennifer Lee, Walt Disney Pictures, 2013

- Tocotronic: »Alles was ich will, ist nichts mit euch zu tun haben«, Es ist egal, aber, L'Age d'Or, 1997

- Janet Fitch: »White Oleander«, Virago Press, London 2000, Seite 112

- https://www.sciencedaily.com/releases/2017/08/170805165319.htm, zuletzt aufgerufen am 10.4.2018

Ein Gefühl mit Imageproblem

- Michel de Montaigne: »Essais«, Eichborn, Frankfurt a.M. 1998, Seite 125

- https://www.zeit.de/2005/51/einsamkeit_montaigne, zuletzt aufgerufen am 17.4.18

- https://www.lifeisbitter.de, zuletzt aufgerufen am 16.4.2018

- Sara Maitland: »How to be alone«. Pan Macmillan, London 2014, Seite 15

- https://en.wikipedia.org/wiki/Category: Songs_about_loneliness, zuletzt aufgerufen am 16.4.2018

- The Beatles: »Eleanor Rigby«, Revolver, Parlophone/Capitol/EMI/ Universal Music Group, 1966

- Abba: »The Day Before You Came«, The Visitors, Atlantic Records, 1981

- Marilyn French: »The Women's Room«, Virago Press, London 1997, Seite 476

- Kendrick Lamar: »Feel«, Damn, Top Dawg Entertainment, 2017

- Howard Carpendale: »Ich geb mir selbst ne Party«, Single, EMI Columbia, 1988

- Suede: »Lonely Girls«, A New Morning, Epic Records International, 2002

- https://www.musicradar.com/news/guitars/wayne-coyne-talks-the-flaming-lips-the-terror-track-by-track-573106, zuletzt aufgerufen am 10.4.18

- http://variety.com/1954/film/people-news/summer-madness-1200417830/, zuletzt aufgerufen am 16.4.2018

- http://www.bfi.org.uk/news-opinion/news-bfi/lists/10-great-films-about-loneliness, zuletzt aufgerufen am 10.4.18

- Arthur Schopenhauer: »Sämtliche Werke in fünf Bänden, Band IV: Parerga und Paralipomena 1«, Suhrkamp, Frankfurt a.M. 1996, Seite 448

- Arthur Schopenhauer: »Sämtliche Werke in fünf Bänden, Band IV: Parerga und Paralipomena 1«, Suhrkamp, Frankfurt a.M. 1996, Seite 451

- Arthur Schopenhauer: »Sämtliche Werke in fünf Bänden, Band IV: Parerga und Paralipomena 1«, Suhrkamp, Frankfurt a.M. 1996, Seite 452f.

- Ingo F. Walther: »Picasso«, Benedikt Taschen Verlag, Köln 2008, Seite 16

- Zitiert nach: Anthony Storr: »Solitude. A Return to the Self«, Free Press, New York 2005, Seite ix

- Friedrich Rückert: »Die Weisheit des Brahmanen. Auswahl«, Verlag Otto Hendel, Halle, Seite 423

- Franz Kafka: »Briefe an Felice Bauer und andere Korrespondenzen aus der Verlobungszeit«, Hg. Hans-Gerd Koch, S. Fischer, Frankfurt a.M. 2015, Seite 251

- Youtube-Video, Tanzverbot: »Mein Einkauf vom 09.04.18«, zuletzt aufgerufen am 13.6.18

- Youtube-Video, Tanzverbot: »Zu viel für mich …«, zuletzt aufgerufen am 13.6.18

- Youtube-Video, Tomek: »EINSAM! HAT TANZVERBOT KEINE FREUNDE?«, zuletzt aufgerufen am 13.6.18

- Youtube-Video, Tanzverbot: »Ich hab auch eins«, zuletzt aufgerufen am 13.6.18

- http://www.zeit.de/kultur/2014–02/friedrich-liechtenstein-werbespot-edeka-supergeil/seite-2, zuletzt aufgerufen am 17.4.18

Rützel probiert es wenigstens

- Die Heiterkeit: »Genie bei der Arbeit«, Pop & Tod I+II, Buback Tonträger, 2016

Finger weg von meiner Kauzigkeit

- Maria Zangl: »Einsamkeit: Der Einsamkeit entkommen in nur 3 Schritten«, Eigenverlag 2017, Seite 29

- ebd.

- ebd., Seite 32
- ebd., Seite 36
- ebd., Seite 45
- ebd., Seite 51
- Eva Wlodarek: »Einsam. Vom mutigen Umgang mit einem schmerzhaften Gefühl«, Kösel, München 2015, Seite 7
- ebd., Seite 56
- ebd., Seite 60
- ebd.
- ebd., Seite 59f.
- ebd., Seite 185
- ebd., Seite 198
- ebd., Seite 226
- http://www.susannahconway.com/e-courses/the-sacred-alone, zuletzt aufgerufen am 17.4.2018

Ausflug mit mir

- Thomas Bernhard und Siegfried Unseld: »Der Briefwechsel«, hg. v. Raimund Fellinger, Martin Huber und Julia Ketterer, Suhrkamp, Frankfurt a. M. 2010, Seite 8
- ebd.
- Henry David Thoreau: »Walden«. A fully annotated edition«, Yale University Press, New Haven and London 2004, Seite 131
- http://eenmaal.com/, zuletzt aufgerufen am 17.4.18
- Hannah Arendt, Rahel Varnhagen: »The Life of a Jewish Woman«, Harcourt Brace Jovanovich, San Diego 1974, Seite 71
- http://www.vogue.co.uk/article/travelling-alone, zuletzt aufgerufen am 8.4.2018
- Sparks: »Complaints«, Kimono my House, Island Records, 1974

- Alain de Botton: »The Art of Travel«, Penguin Books, London 2002, Seite 49

- The Magnetic Fields: »California Girls«, Distortion, Nonesuch Records, 2008

- Brian D. Ratty: »Tillamook Passage«, AuthorHouse, 2011

- Simon and Garfunkel: »I am a Rock«, Sounds of Silence, Columbia Records, 1966

- »About A Boy«, Regie Chris und Paul Weitz, StudioCanal, 2002

- Gilles Deleuze: »Die einsame Insel – Texte und Gespräche 1953–1974«, Suhrkamp, Berlin 2003

- Julio Cortázar, Carol Dunlop: Die Autonauten auf der Kosmobahn. Eine zeitlose Reise Paris-Marseille, Suhrkamp, Frankfurt a. M. 1996, Seite 32 f.

- Alain de Botton: »The Art of Travel«, Penguin Books, London 2002, Seite 252

- https://www.instagram.com/p/BdUu8x_HgKi/?taken-by=mariogotze, zuletzt aufgerufen am 17. 4. 18

- John Mayer: »Age of Worry«, Born and Raised, Columbia Records, 2012

Die Sache mit dem Internet

- http://docplayer.org/13233777-Einsamkeit-gemeinsamkeit-in-deutschland-eine-studie-von-harris-interactive-und-wahlverwandt schaften-e-v.html, zuletzt aufgerufen am 17. 4. 18

- http://www.universityherald.com/articles/68548/20170309/university pittsburgh-study-finds-social-media-leads-loneliness.htm, zuletzt aufgerufen am 17. 4. 18

- http://www.spiegel.de/netzwelt/web/sascha-lobo-ueber-das-deutsche-wir-gefuehl-a-1010852.html, zuletzt aufgerufen am 17. 4. 18

- Daniel Miller: »Das wilde Netzwerk: Ein ethnologischer Blick auf Facebook«, Suhrkamp, Frankfurt a. M. 2012, Seite 163

- Erlend Oye: »Every Party Has a Winner and a Loser«, Unrest, Source UK, 2003

- https://www.facebook.com/events/1837471829827619, zuletzt aufgerufen am 17.4.18

All the single ladies

- »Grand Hotel«, Regie Edmund Goulding, MGM, 1932

- https://www.instagram.com/p/BfvZpBNFoWR/?taken-by=mike heiter13, zuletzt aufgerufen am 17.4.18

- Marjorie Hillis: »Live Alone and Like It. A Guide for the Extra Woman«, Bobbs-Merrill, Indianapolis/New York, 1936

- ebd., Seite 15

- ebd., Seite 16

- zitiert nach: Kate Bolick: »Spinster: Making a Life of One's Own«, Crown Publishers, New York 2015, Seite 71

- zitiert nach: ebd., Seite 109

- Michl Müller: »Weißt du, warum ich bei dir bleibe (Ingwerreibe)«, Funtasy Records, 2014

- http://www.belladepaulo.com/2018/01/heck-singlism-sponsored-post/, zuletzt aufgerufen am 10.4.18

- »The Lobster«, Regie Yorgos Lanthimos, Sony Pictures, 2016

- Niklas Luhmann: »Liebe. Eine Übung«, Suhrkamp, Frankfurt a.M. 2008, Seite 38

- Niklas Luhmann: »Liebe als Passion. Zur Codierung von Intimität«, Suhrkamp, Frankfurt a.M. 1994, Seite 188

- http://www.rilke.de/briefe/170801.htm, zuletzt aufgerufen am 8.4.18

- http://www.rilke.de/briefe/170801.htm, zuletzt aufgerufen am 8.4.18

- Roland Barthes: »Wie zusammen leben«, Suhrkamp, Frankfurt a.M. 2007, Seite 43

- Roland Barthes: »Wie zusammen leben«, Suhrkamp, Frankfurt a. M. 2007, Seite 41

Date mit Don

- https://www.scientificamerican.com/article/imaginary-friends/, zuletzt aufgerufen am 10.4.18

- »Superman. Das Geheimnis von Supermans Festung der Einsamkeit«, Ehapa Verlag, Stuttgart 1983, Seite 16

- »Mad Men«, Regie Matthew Weiner u. a., Lionsgate Television, 2007–2015, Staffel 5, Episode 7

- »Mad Men«, Regie Matthew Weiner u. a., Lionsgate Television, 2007–2015, Staffel 1, Episode 1

- ebd.

- »Mad Men«, Regie Matthew Weiner u. a., Lionsgate Television, 2007–2015, Staffel 7, Episode 14

- »Buffy, the Vampire Slayer«, Regie Joss Whedon, Mutant Enemy Productions, 1997–2003, Staffel 2, Episode 3

Mein Freund ist aus Eisen

- http://www.robotics.news/2016–04–15-sophia-the-hot-robot-describesherself-in-her-own-words-she-just-wants-to-settledown-start-a-family-and-perhaps-destroy-humanity.html, zuletzt aufgerufen am 17.4.2018

- https://tribune.com.pk/story/1605676/3-new-emotional-robots-aim-read-human-feelings, zuletzt aufgerufen am 17.4.2018

- https://bits.blogs.nytimes.com/2014/07/16/a-robot-with-a-little-humanity, zuletzt aufgerufen am 17.4.2018

- http://missourieducationwatchdog.com/common-core-phrase-teachers-are-guides-on-the-side-can-jibo-perform-that-function, zuletzt aufgerufen am 17.4.2018

- http://www.viagen.com/, zuletzt aufgerufen am 17.4.2018

- http://www.thepurrcompany.com/cat-articles/index.php?id=84, zuletzt aufgerufen am 17.4.2018

- http://rspb.royalsocietypublishing.org/content/285/1871/20171934, zuletzt aufgerufen am 13.6.2018

- http://www.nytimes.com/2018/01/17/science/marmots-antisocial-lifespan.html, zuletzt aufgerufen am 13.6.2018

Einsame Spitze

- Sara Maitland: »How to be alone«. Pan Macmillan, London 2014, Seite 139

- http://www.thebookoflife.org/the-need-to-be-alone/, zuletzt aufgerufen am 11.4.18

- Michael Harris: »Solitude: In Pursuit of a Singular Life in a Crowded World«, Random House, 2018, Seite 15